이화 한국어

이화 한국어 Workbook 4

지은이 허연임 · 김동숙 · 이을지 · 이채연 · 박수지

펴낸날 1판 1쇄 2012년 2월 29일
7쇄 2024년 3월 2일

펴낸이 주소현 **펴낸곳** 이화여자대학교출판문화원
주소 서울특별시 서대문구 이화여대길 52(우 03760) **등록** 1954년 7월 6일 제9-61호
전화 02) 3277-2965(편집), 02) 362-6076(마케팅)
팩스 02) 312-4312 **전자우편** press@ewha.ac.kr **홈페이지** www.ewhapress.com

책임편집 이혜지, 민지영 **디자인** design **Vita** **일러스트** 이지영

ISBN 978-89-7300-943-5 14710
978-89-7300-875-9 (세트)
값 14,000원

* 잘못된 책은 구입처에서 바꾸어 드립니다.

이화여자대학교 언어교육원
Ewha Womans University
Ewha Language Center

이화 한국어

허연임 · 김동숙 · 이을지 · 이채연 · 박수지 지음

Workbook 4

책을 펴내면서

이화여자대학교 언어교육원은 국내 최초의 의사소통 중심 교재 『말이 트이는 한국어(Pathfinder in Korean)』를 발간한 지 12년 만에 새로운 의사소통 중심 교재 『이화 한국어(Ewha Korean)』를 발간하게 되었습니다. 지난 10여 년 동안 『말이 트이는 한국어(Pathfinder in Korean)』는 세계 각국에서 한국어 교재로 널리 사용되어 왔으며 현재까지도 외국인들에게 한국어 학습의 좋은 길잡이가 되고 있습니다. 그러나 새로운 시대 흐름에 맞춘 교재 집필이 필요하다고 생각되어 언어교육원에서는 2008년부터 『이화 한국어(Ewha Korean)』 개발에 착수하였으며, 교육과학기술부의 '2009 한국어 연수 프로그램 지원사업'에 선정되어 교재 개발에 박차를 가할 수 있게 되었습니다. 그리고 지난 일 년 간 언어교육원 한국어 과정에서 몇 차례의 시험 사용, 수정 작업을 거쳐 발간하기에 이르렀습니다. 『이화 한국어(Ewha Korean)』 시리즈는 1급에서 6급까지 총 30권의 교재와 연습서로 구성되며, 앞으로 단계적으로 발간될 예정입니다.

『이화 한국어(Ewha Korean)』는 말하기 · 듣기 · 읽기 · 쓰기의 통합 교재이며 초급부터 고급까지 연계적으로 구성되어 있습니다. 이 교재는 네 가지 언어 기능의 균형 있는 발전을 유도하면서도 특히 말하기 능력을 강화하도록 고안된 것이 특징입니다. 말하기 연습을 유도하는 장치로 'Try it'을 활용하였는데 이것은 외국인 학습자가 주도적으로 대화를 이끌어 갈 수 있도록 담화 순서와 문장의 핵심어를 담은 것입니다. 이 장치를 따라 말하기 연습을 함으로써 학습자는 단순 암기 방식에서 벗어나서 주도적으로 대화를 이끌어 가는 능력을 기를 수 있을 것입니다. 또한 최근 학습자 성향과 편의를 고려하여 1~3급은 교재를 두 권으로 구성하였으며, 1급과 2급은 영어, 일본어, 혹은 중국어(간체, 번체)로 설명을 넣는 등 세밀하게 학습자 요구를 반영하고자 하였습니다.

이화여자대학교 언어교육원을 대표하여, 『이화 한국어(Ewha Korean)』가 출간되기까지 이 책의 저자들이 쏟은 열정과 노고에 대해서 깊은 감사를 드립니다. 또한 내용 구성에 많은 조언을 해 주신 이해영, 김영규, 최형용, 박선희 교수님께 감사의 말씀을 드리며, 문학 부분에 조언을 해 주신 김현자 교수님께도 감사의 말씀을 드립니다. 또한 편집과 출판을 맡아 주신 이화여자대학교출판문화원에도 고마움을 전합니다.

앞으로 『이화 한국어(Ewha Korean)』가 국내외에서 한국어 교재로 널리 활용되어 한국어를 쉽고 재미있고 효과적으로 교수 · 학습하는 데 기여하기를 기대합니다.

2010년 6월

이화여자대학교 언어교육원

원장 양 혜 순

차례

Workbook 구성표

단원	제목	내용		
		어휘	준비합시다	말해 봅시다
1	만남과 관계	인간관계 관련 어휘 관용 표현 낯이 익다 낯을 가리다 눈살을 찌푸리다	-더니 -(으)ㄴ/는 대로 -(으)ㄴ/는/(으)ㄹ 듯(이)	새 학기를 시작하는 소감과 각오 말하기 표현 새롭게 시작된 일에 대해 소감 말하기 상대방보다 자신의 상황에 더 맞다고 말하기 한국어 공부에 대한 자신의 각오 말하기
2	문제와 해결	생활 문제 관련 어휘 관용 표현 골치가 아프다 내 코가 석 자다 눈앞이 캄캄하다	-는 한 -았/었더니 -(으)며	인터넷으로 구입한 물건 전화로 반품 요청하기 표현 주문한 제품 확인하기 반품 이유 묻기 이의 제기하기
3	TV와 생활	TV 비평 관련 어휘 관용 표현 낯이 뜨겁다 눈에 거슬리다 눈 뜨고 볼 수 없다	치고 에 따라 -더라도	친구와 같이 볼 TV프로그램 정하기 표현 상대방이 거절한 것을 다시 권하기 예외가 있음을 말하기 확신 표현하기
4	진로와 직업	진로 관련 어휘 관용 표현 속이 타다 물 건너가다 발 뻗고 자다	-아/어 봤자 -아/어 두다 -(으)ㄴ 끝에	진로에 대해 고민하는 친구에게 조언하기 표현 어떤 일이 쉽지 않음을 말하기 걱정해도 소용없음을 말하기 준비의 중요성 말하기
5	여행과 축제	여행 관련 어휘 관용 표현 눈에 선하다 발이 묶이다 바가지를 쓰다	-거든 -(으)ㄹ 겸 -(으)ㄴ/는 탓	친구의 조건에 맞는 여행지 추천하기 표현 일의 목적이 여러 가지임을 말하기 가장 좋은 방법 말하기 조건에 맞게 조언하기
6	음식과 건강	음식 관련 어휘 관용 표현 입이 짧다 군침이 돌다 간에 기별도 안 가다	-(으)ㄴ/는 셈이다 -듯이 -고도	건강을 위해 먹는 음식 추천하기 표현 현재의 건강 상태에 대한 원인 말하기 자기 나라에도 비슷한 것이 있음을 말하기 따져 본 후 나온 결과 말하기
7	명절과 기념일	명절 관련 어휘 관용 표현 녹초가 되다 손이 모자라다 손꼽아 기다리다	-(으)ㄴ/는가 하면 -고자 -기 마련이다	새해맞이 행사 소개하고 자신의 새해맞이 계획 말하기 표현 새해를 맞이하는 방법이 여러 가지임을 말하기 참여하는 사람이 많음을 말하기 관심이 생겼음을 말하기
8	결혼	결혼 관련 어휘 관용 표현 국수를 먹다 바가지를 긁다 눈에 콩깍지가 씌다	여간 -지 않다 -도록 (으)로 인해	자신이 원하는 배우자와 결혼식에 대해 말하기 표현 눈이 아주 높음을 말하기 같은 말을 자주 들었음을 말하기 자신이 더 급한 상황임을 말하기
9	이웃과 공동체	이웃 관련 어휘 관용 표현 귀를 기울이다 발 벗고 나서다 색안경을 끼고 보다	-기는커녕 -다고 해서 -다가는	이웃 돕기 행사 계획하기 표현 더 쉬운 것도 못한다는 것을 말하기 어떤 일이 꼭 그렇지 않음을 말하기 아는 사람이 많음을 말하기
10	현대 사회와 생활	현대 사회 관련 어휘 관용 표현 눈감아 주다 낯이 두껍다 시치미를 떼다	-길래 -(으)ㄴ/는데도 조차	소비 습관에 대해 말하기 표현 생활비가 부족함을 말하기 소비 습관을 고치기 어려움을 말하기 지출을 줄일 수 있는 방법 조언하기

내용		
읽어 봅시다	써 봅시다	토의해 봅시다
우정에 대한 글 읽기 학생상담센터 안내문 읽기	만남에 대한 서술의 글 쓰기	좋은 인간관계를 유지하는 방법에 대해 토의하기
외국어 안내 요청에 대한 글 읽기 기숙사 게시판 공지 읽기	교내 시설에 대한 투고의 글 쓰기	공동생활의 문제에 대해 토의하기
TV 변천사에 대한 글 읽기 TV 프로그램의 기획 의도 읽기	TV 드라마에 대한 비평의 글 쓰기	TV의 영향에 대해 토의하기
진로를 찾는 방법에 대한 글 읽기 채용 공고 읽기	산업에 대한 분류의 글 쓰기	후회 없는 진로 선택에 대해 토의하기
여행 경험에 대한 글 읽기 여행 광고 읽기	북촌 한옥마을과 덕수궁에 대한 여행 기고의 글 쓰기	축제의 장점과 단점에 대해 토의하기
두 음식을 비교한 글 읽기 안내서에 실린 맛집 정보 읽기	맛집 탐방의 글 쓰기	건강에 좋은 음식에 대해 토의하기
명절 신풍속도에 대한 글 읽기 한글 글짓기 대회 공고 읽기	동지에 대한 소개의 글 쓰기	새로운 기념일 문화에 대해 토의하기
신혼여행 유형에 대한 글 읽기 카드 발급 안내문 읽기	20~30대들의 결혼 문화 인식에 대한 설문 결과 정리의 글 쓰기	변화하는 결혼 풍속에 대해 토의하기
사랑의 쌀독에 대한 글 읽기 자원봉사자 모집 공고 읽기	이웃 갈등에 대한 칼럼의 글 쓰기	소년소녀가장을 돕는 방법에 대해 토의하기
소비자 유형에 대한 글 읽기 소비 성향 그래프 읽기	인구 분산 방법에 대한 주장의 글 쓰기	경쟁을 하는 올바른 자세에 대해 토의하기

Workbook 구성과 사용법

- 『이화 한국어 Workbook 4』는 『이화 한국어 4』에 맞춰 개발된 연습서입니다. 이 연습서는 교재 내용에 대해 보충 학습, 심화 학습이 가능하도록 설계되었으며, 교실 내 수업과 개인 학습에서 모두 사용할 수 있도록 개발되었습니다.
- 『이화 한국어 Workbook 4』는 교재 구성에 맞춰 **어휘** ⇨ **준비합시다** ⇨ **말해 봅시다** ⇨ **읽어 봅시다** ⇨ **써 봅시다** ⇨ **토의해 봅시다**로 구성되었습니다.

어휘 단원의 주요 어휘에 대한 연습입니다. 이 부분에서 다룬 어휘들은 단원의 필수 어휘이므로 반드시 학습자가 기억해야 하는 내용들입니다.

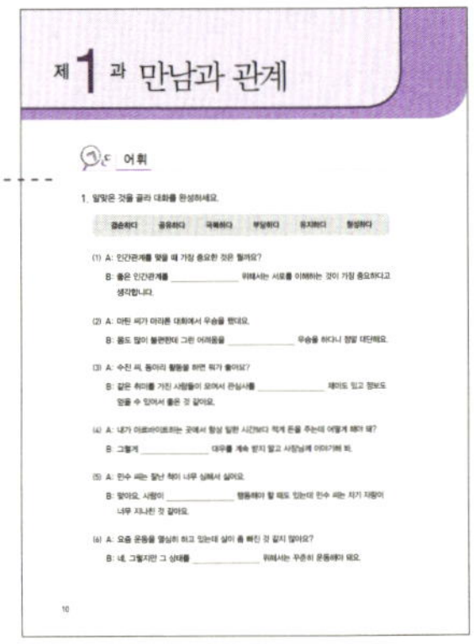
제 1 과 만남과 관계

어휘

준비합시다 단원의 문법 항목에 대해 2~3개의 연습을 제시하여 정확한 문법 사용 능력을 기를 수 있도록 설계하였습니다. 이 연습 문제는 학습자가 교재의 문법 학습 시에 함께 사용하거나 복습 자료로 사용하도록 하기 위한 것입니다.

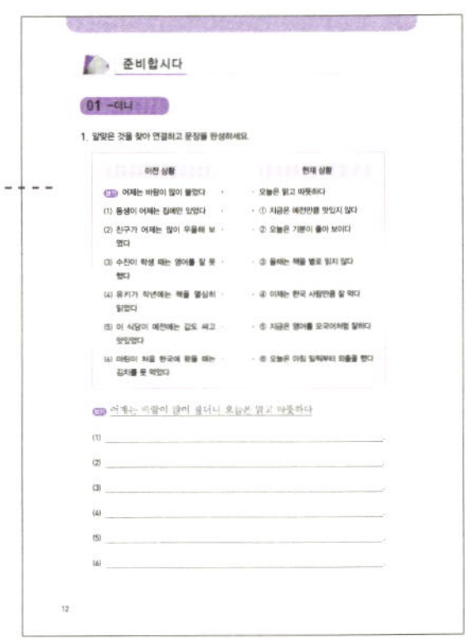
준비합시다

말해 봅시다 단원의 Part 1에서 다룬 표현과 말하기 과제를 연습하는 부분입니다. 워크북의 대화는 교재의 말하기 과제와 상황은 유사하지만 내용을 일부 변형하여 교재 학습 후에 추가 자료로 사용하도록 설계하였습니다. 변형된 말하기 대화를 읽고 내용 이해를 점검할 수 있는 연습 문제도 제공하였습니다.

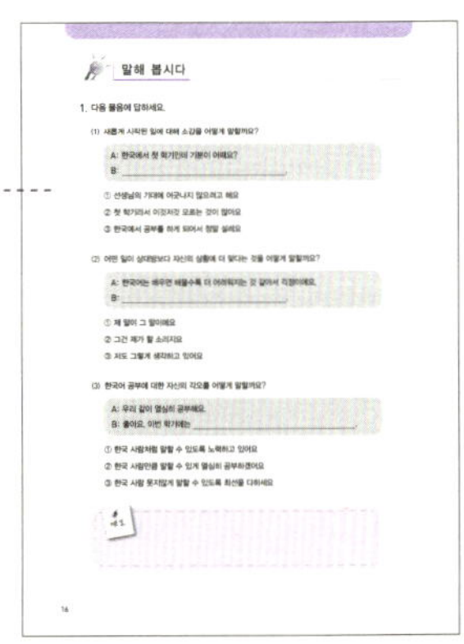
말해 봅시다

읽어 봅시다 단원 주제와 관련된 내용의 읽기 2개를 제시하였습니다. 첫 번째 '읽기'는 학습자가 다양한 유형의 글을 접할 수 있도록 단원의 읽기와는 다른 유형의 글을 제시하였습니다. 두 번째 '읽기'는 생활에서 흔히 접할 수 있는 실제 자료를 제시하였습니다.

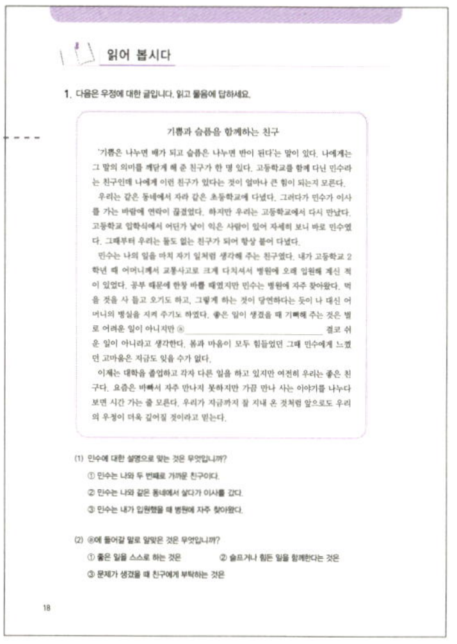
읽어 봅시다

써 봅시다 단원의 주제와 관련된 내용을 쓸 수 있도록 설계하였습니다. 학습자의 부담을 줄여 주고자 정보를 제공하고 그것을 참고로 글을 쓸 수 있도록 구성하였습니다. '정답' 부분에 모범글을 제시하여 학습자 스스로 확인 학습이 가능하게 하였습니다.

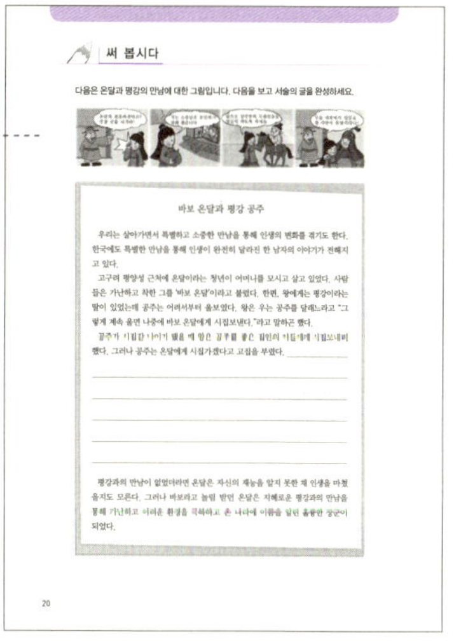
써 봅시다

토의해 봅시다 교재에 제시된 주제와 관련된 토의의 한 부분을 제시하였습니다. 학습자가 토의 표현을 익히고 토의의 내용을 점검할 수 있도록 연습 문제도 제공하였습니다.

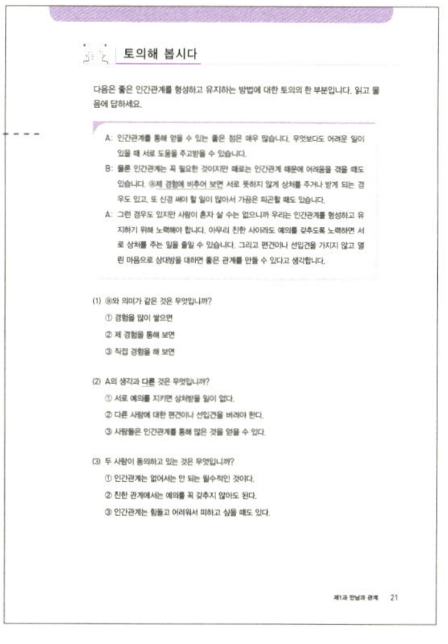
토의해 봅시다

제 1 과 만남과 관계

어휘

1. 알맞은 것을 골라 대화를 완성하세요.

겸손하다	공유하다	극복하다	부당하다	유지하다	형성하다

(1) A: 인간관계를 맺을 때 가장 중요한 것은 뭘까요?

B: 좋은 인간관계를 ________________ 위해서는 서로를 이해하는 것이 가장 중요하다고 생각합니다.

(2) A: 마틴 씨가 마라톤 대회에서 우승을 했대요.

B: 몸도 많이 불편한데 그런 어려움을 ________________ 우승을 하다니 정말 대단해요.

(3) A: 수진 씨, 동아리 활동을 하면 뭐가 좋아요?

B: 같은 취미를 가진 사람들이 모여서 관심사를 ________________ 재미도 있고 정보도 얻을 수 있어서 좋은 것 같아요.

(4) A: 내가 아르바이트하는 곳에서 항상 일한 시간보다 적게 돈을 주는데 어떻게 해야 돼?

B: 그렇게 ________________ 대우를 계속 받지 말고 사장님께 이야기해 봐.

(5) A: 민수 씨는 잘난 척이 너무 심해서 싫어요.

B: 맞아요. 사람이 ________________ 행동해야 할 때도 있는데 민수 씨는 자기 자랑이 너무 지나친 것 같아요.

(6) A: 요즘 운동을 열심히 하고 있는데 살이 좀 빠진 것 같지 않아요?

B: 네. 그렇지만 그 상태를 ________________ 위해서는 꾸준히 운동해야 돼요.

2. 알맞은 것을 골라 대화를 완성하세요.

드디어	곰곰이	뚜렷이

(1) A: 작년에 우리 반에서 일등을 한 친구가 누구였지?

B: 사라에게 물어 봐. 사라는 기억력이 좋아서 옛날 일도 ______________ 기억하고 있거든.

(2) A: 왕단 씨, 우리 동아리에 가입할 거예요?

B: ______________ 생각해 봤는데 아무래도 시간이 안 될 것 같아요.

(3) A: 기분 좋은 일이 있나 봐요.

B: 네. 십 년 동안 열심히 돈을 모아 ______________ 집을 장만했거든요.

3. 알맞은 것을 골라 대화를 완성하세요.

낯이 익다	낯을 가리다	눈살을 찌푸리다

(1) A: 민수 씨는 도대체 사람이 왜 그래요? 아까도 저를 툭 치고 지나가면서 미안하다는 말도 하지 않더라고요.

B: 요즘 그 사람의 무례한 행동에 ______________ 직원들이 많아요. 저도 기분 나빴던 적이 한두 번이 아니에요.

(2) A: 정우 씨, 서울고등학교를 졸업했다고 했지요? 영업부 김민수 씨도 서울고등학교를 졸업했대요.

B: 그래요? 우리 학교를 졸업했군요. 어쩐지 ______________ 생각했어요.

(3) A: 히로 씨는 어떤 사람이에요?

B: 히로 씨는 ______________ 편이라서 처음 만나는 사람과 금방 친해지지는 못할 거예요. 그렇지만 일단 친해지고 나면 정말 재미있는 사람이라 사라 씨도 좋아하게 될 거예요.

준비합시다

01 -더니

1. 알맞은 것을 찾아 연결하고 문장을 완성하세요.

이전 상황	현재 상황
보기 어제는 바람이 많이 불었다	오늘은 맑고 따뜻하다
(1) 동생이 어제는 집에만 있었다	① 지금은 예전만큼 맛있지 않다
(2) 친구가 어제는 많이 우울해 보였다	② 오늘은 기분이 좋아 보이다
(3) 수진이 학생 때는 영어를 잘 못했다	③ 올해는 책을 별로 읽지 않다
(4) 유키가 작년에는 책을 열심히 읽었다	④ 이제는 한국 사람만큼 잘 먹다
(5) 이 식당이 예전에는 값도 싸고 맛있었다	⑤ 지금은 영어를 모국어처럼 잘하다
(6) 마틴이 처음 한국에 왔을 때는 김치를 못 먹었다	⑥ 오늘은 아침 일찍부터 외출을 했다

보기 어제는 바람이 많이 불더니 오늘은 맑고 따뜻하다.

(1) ______________________________.

(2) ______________________________.

(3) ______________________________.

(4) ______________________________.

(5) ______________________________.

(6) ______________________________.

2. 알맞은 것을 골라 글을 완성하세요.

한산하다	무뚝뚝하다	소극적이다

오늘은 새 학기가 시작되는 날이다. 방학 때는 학교가 (1)__________ 오늘은 학생들이 많아서 좀 복잡했다. 교실에 가니까 유키가 반갑게 맞아 주었다. 유키는 처음 만났을 때 (2)__________ 요즘은 많이 상냥해졌다. 첫 수업이라서 그런지 학생들이 1교시에는 조금 (3)__________ 시간이 지날수록 활발하게 이야기하기 시작했다.

3. 알맞은 것을 골라 대화를 완성하세요.

먹다	많다	즐기다	모으다	흐리다

(1) A: 어디 가는 길이에요?

B: 약국에 가요. 어젯밤에 동생이 아이스크림을 많이 __________ 배탈이 났나 봐요.

(2) A: 마틴 씨가 새로 산 자동차 봤어요?

B: 네. 몇 년 동안 열심히 돈을 __________ 드디어 자동차를 샀더라고요.

(3) A: 사라 씨 친구 수진 씨는 작가라면서요?

B: 네. 어렸을 때부터 글 쓰는 것을 __________ 작가가 되었어요.

(4) A: 수진 씨가 이번에 학생 회장이 되었지요?

B: 네. 예전부터 친구들 사이에서 인기가 __________ 학생 회장에 당선되었어요.

(5) A: 오늘은 날씨가 어때요?

B: 아침부터 계속 날이 __________ 지금 비가 오고 있어요.

02 -(으)ㄴ/는 대로

1. 알맞은 것을 골라 ◯ 표 하세요.

(1) A: 민수 씨, 이 컴퓨터 게임을 어떻게 하는지 알아요? 너무 복잡해서 뭐가 뭔지 통 모르겠어요.

B: 저도 자세히는 모르지만 일단 제가 (안 대로, 아는 대로) 설명해 줄게요.

(2) A: 어제 히로가 정우랑 크게 싸웠는데 봤어?

B: 아니, 못 봤어. 네가 (본 대로, 보는 대로) 자세히 얘기해 봐.

(3) A: 여러분. 오늘은 받아쓰기를 해 봅시다. 지금부터 제가 (부른 대로, 부르는 대로) 받아 적으세요.

B: 네, 알겠습니다.

(4) A: 내일 비가 많이 온다고 하는데 여행은 어떻게 하지요?

B: 비가 아무리 많이 와도 전에 (계획한 대로, 계획하는 대로) 떠납시다.

2. 알맞은 것을 골라 대화를 완성하세요.

예상	순서	설명	사실

(1) A: 경찰이 와서 오늘 아침에 일어난 교통사고에 대해 물어봤다면서요?

B: 네. 저는 그냥 오늘 일어난 일을 ____________ 이야기해 주었어요.

(2) A: 실업률에 대한 대통령의 발언에 대해 사람들의 말이 많아요.

B: ____________ 비판이 높군요. 그럴 거라고 생각했어요.

(3) A: 여보, 이 된장찌개 맛이 좀 이상해.

B: 그래? 요리책에 나온 ____________ 했는데도 맛이 잘 안 나네.

(4) A: 제 차례는 언제인가요? 벌써 30분이나 기다렸는데요.

B: 입구에서 뽑으신 번호표 ____________ 처리해 드립니다. 조금만 기다리세요.

03 -(으)ㄴ/는/(으)ㄹ 듯(이)

1. 알맞은 것을 골라 ◯표 하세요.

(1) A: 저 잠깐 나갔다 올게요.

B: 비가 곧 (내린 듯이, 내리는 듯이, 내릴 듯이) 하늘이 캄캄해졌어요. 우산을 가져가세요.

(2) A: 이번 사업은 민수 씨만 믿어야겠어요.

B: 아니에요. 저도 민수 씨가 잘 (안 듯이, 아는 듯이, 알 듯이) 얘기해서 걱정하지 않아도 되겠다고 생각했는데 사실 민수 씨도 이런 일은 처음이래요.

(3) A: 왕단 씨가 화가 (난 듯이, 나는 듯이, 날 듯이) 아무 말도 하지 않아요. 제가 뭔가 실수를 한 걸까요?

B: 제가 왕단 씨에게 무슨 일이 있는지 물어볼게요.

2. 알맞은 것을 골라 대화를 완성하세요.

씻은 듯이 낫다	뛸 듯이 기뻐하다
쥐 죽은 듯이 조용하다	날아갈 듯이 마음이 가볍다

(1) A: 어제 어린이날이었는데 아이들에게 선물은 줬어요?

B: 네. 선물을 주니까 다들 ______________________.

(2) A: 논문을 다 썼다면서요? 축하해요. 이제 마음이 편하겠네요.

B: 네. 그래서 지금은 ______________________.

(3) A: 오늘은 다들 일찍 잠들었나 봐요. 아무 소리도 안 들리네요.

B: 그러게요. 기숙사가 ______________________.

(4) A: 감기는 좀 어때요? 좀 괜찮아졌어요?

B: 주말 동안 푹 쉬고 나니까 감기가 ______________________.

말해 봅시다

1. 다음 물음에 답하세요.

(1) 새롭게 시작된 일에 대해 소감을 어떻게 말할까요?

A: 한국에서 첫 학기인데 기분이 어때요?
B: ________________________________.

① 선생님의 기대에 어긋나지 않으려고 해요
② 첫 학기라서 이것저것 모르는 것이 많아요
③ 한국에서 공부를 하게 되어서 정말 설레요

(2) 어떤 일이 상대방보다 자신의 상황에 더 맞다는 것을 어떻게 말할까요?

A: 한국어는 배우면 배울수록 더 어려워지는 것 같아서 걱정이에요.
B: ________________________________.

① 제 말이 그 말이에요
② 그건 제가 할 소리지요
③ 저도 그렇게 생각하고 있어요

(3) 한국어 공부에 대한 자신의 각오를 어떻게 말할까요?

A: 우리 같이 열심히 공부해요.
B: 좋아요. 이번 학기에는 ________________________________.

① 한국 사람처럼 말할 수 있도록 노력하고 있어요
② 한국 사람만큼 말할 수 있게 열심히 공부하겠어요
③ 한국 사람 못지않게 말할 수 있도록 최선을 다하세요

메모

2. 다음 대화를 읽고 물음에 답하세요.

사라 반가워요, 왕단 씨. 새 학기가 시작되었는데 기분이 어때요?

왕단 제 꿈이 이루어져서 가슴이 벅차요. 한국에 유학 오려고 많이 노력했거든요.

사라 그래요? 왕단 씨는 한국어를 어디에서 공부했어요?

왕단 중국의 대학교에서 2년쯤 공부했어요. 사라 씨는요?

사라 저는 한국에서 1급부터 공부했어요.

왕단 그렇군요. 한국에서 공부하면 어떤 점이 좋아요?

사라 한국 친구들을 쉽게 사귈 수 있으니까 한국어 공부에 확실히 도움이 되는 것 같아요.

왕단 그래서 사라 씨가 이렇게 한국어를 잘하는군요. 너무 부러워요.

사라 아니에요. 처음에는 한국어가 쉽더니 갈수록 더 어려워지는 것 같아요.

왕단 사라 씨가 그러면 저는 어떻겠어요? 저는 한국에서 수업을 듣는 것이 처음이라 ⓐ수업을 잘 따라갈 수 있을지 걱정이 돼요.

사라 그건 걱정하지 마세요. 선생님께서 말씀하시는 대로만 하면 어렵지 않을 거예요. 우리 같이 열심히 공부해요.

왕단 좋아요. 한국에 어렵게 유학을 왔으니까 정말 열심히 공부해야겠어요.

(1) ⓐ와 바꿔 쓸 수 있는 것은 무엇입니까?

① 수업의 내용을 잘 이해할 수 있을지
② 친구를 따라서 학교에 갈 수 있을지
③ 수업을 빠지지 않고 들을 수 있을지

(2) 두 사람은 무엇에 대해 이야기하고 있습니까?

① 한국에 유학 오게 된 이유
② 학기를 시작하는 소감과 각오
③ 한국어를 잘할 수 있는 방법

(3) 대화의 내용과 **다른** 것은 무엇입니까?

① 사라는 1급부터 한국에서 공부했다.
② 사라는 처음부터 한국어가 어렵다고 생각했다.
③ 왕단은 한국에 유학 오기 전에도 한국어를 공부했다.

읽어 봅시다

1. 다음은 우정에 대한 글입니다. 읽고 물음에 답하세요.

기쁨과 슬픔을 함께하는 친구

'기쁨은 나누면 배가 되고 슬픔은 나누면 반이 된다'는 말이 있다. 나에게는 그 말의 의미를 깨닫게 해 준 친구가 한 명 있다. 고등학교를 함께 다닌 민수라는 친구인데 나에게 이런 친구가 있다는 것이 얼마나 큰 힘이 되는지 모른다.

우리는 같은 동네에서 자라 같은 초등학교에 다녔다. 그러다가 민수가 이사를 가는 바람에 연락이 끊겼었다. 하지만 우리는 고등학교에서 다시 만났다. 고등학교 입학식에서 어딘가 낯이 익은 사람이 있어 자세히 보니 바로 민수였다. 그때부터 우리는 둘도 없는 친구가 되어 항상 붙어 다녔다.

민수는 나의 일을 마치 자기 일처럼 생각해 주는 친구였다. 내가 고등학교 2학년 때 어머니께서 교통사고로 크게 다치셔서 병원에 오래 입원해 계신 적이 있었다. 공부 때문에 한창 바쁠 때였지만 민수는 병원에 자주 찾아왔다. 먹을 것을 사 들고 오기도 하고, 그렇게 하는 것이 당연하다는 듯이 나 대신 어머니의 병실을 지켜 주기도 하였다. 좋은 일이 생겼을 때 기뻐해 주는 것은 별로 어려운 일이 아니지만 ⓐ ______________________ 결코 쉬운 일이 아니라고 생각한다. 몸과 마음이 모두 힘들었던 그때 민수에게 느꼈던 고마움은 지금도 잊을 수가 없다.

이제는 대학을 졸업하고 각자 다른 일을 하고 있지만 여전히 우리는 좋은 친구다. 요즘은 바빠서 자주 만나지 못하지만 가끔 만나 사는 이야기를 나누다 보면 시간 가는 줄 모른다. 우리가 지금까지 잘 지내 온 것처럼 앞으로도 우리의 우정이 더욱 깊어질 것이라고 믿는다.

(1) 민수에 대한 설명으로 맞는 것은 무엇입니까?

① 민수는 나와 두 번째로 가까운 친구이다.

② 민수는 나와 같은 동네에서 살다가 이사를 갔다.

③ 민수는 내가 입원했을 때 병원에 자주 찾아왔다.

(2) ⓐ에 들어갈 말로 알맞은 것은 무엇입니까?

① 좋은 일을 스스로 하는 것은　　② 슬프거나 힘든 일을 함께한다는 것은

③ 문제가 생겼을 때 친구에게 부탁하는 것은

(3) 글의 내용과 같은 것은 무엇입니까?

① 내가 고등학생 때 어머니가 크게 다치신 적이 있었다.

② 친구와 같은 학교에 다닌 것이 나에게 큰 힘이 되었다.

③ 나는 민수와 초등학교 때부터 대학교 때까지 같은 학교에 다녔다.

2. 다음은 학생상담센터의 상담 프로그램 안내문입니다. 읽고 물음에 답하세요.

학생상담센터는 언제나 열려 있습니다!!

학생상담센터에서는 학생 여러분이 보다 행복한 삶을 누릴 수 있도록 다양한 상담 프로그램을 마련하고 있습니다. 또한 자신의 성격이나 적성 등을 분명히 이해하여 자신의 미래를 설계하는 데 도움이 되도록 다양한 심리 검사도 실시하고 있습니다.

- **이럴 때 개인 상담을 신청하세요!**
  대인 관계에 어려움이 있을 때
  나의 성격을 정확히 알고 싶을 때
  졸업 후에 무엇을 해야 할지 고민이 많을 때

- **나에 대해 잘 이해하고 싶다면 심리 검사를 해 보세요!**
  적성 검사/성격 유형 검사
  상담센터 홈페이지나 전화를 통해 상담 신청을 하면 상담센터에서 상담 시간과 상담자를 정하여 연락을 드립니다.

(1) 학생상담센터에서 할 수 <u>없는</u> 것은 무엇입니까?

① 고민을 상담해 주는 방법 배우기

② 자신의 성격을 알기 위한 심리 검사

③ 친구 사이에 생긴 문제에 대해 상담하기

(2) 글의 내용과 같은 것은 무엇입니까?

① 취업에 대한 다양한 정보를 얻을 수 있다.

② 심리 검사를 통해 자신을 잘 이해할 수 있다.

③ 홈페이지에서 바로 상담 시간을 예약할 수 있다.

써 봅시다

다음은 온달과 평강의 만남에 대한 그림입니다. 다음을 보고 서술의 글을 완성하세요.

바보 온달과 평강 공주

우리는 살아가면서 특별하고 소중한 만남을 통해 인생의 변화를 겪기도 한다. 한국에도 특별한 만남을 통해 인생이 완전히 달라진 한 남자의 이야기가 전해지고 있다.

고구려 평양성 근처에 온달이라는 청년이 어머니를 모시고 살고 있었다. 사람들은 가난하고 착한 그를 '바보 온달'이라고 불렀다. 한편, 왕에게는 평강이라는 딸이 있었는데 공주는 어려서부터 울보였다. 왕은 우는 공주를 달래느라고 "그렇게 계속 울면 나중에 바보 온달에게 시집보낸다."라고 말하곤 했다.

공주가 시집갈 나이가 됐을 때 왕은 공주를 좋은 집안의 아들에게 시집보내려 했다. 그러나 공주는 온달에게 시집가겠다고 고집을 부렸다. ____________

____

____

____

____

____

평강과의 만남이 없었더라면 온달은 자신의 재능을 알지 못한 채 인생을 마쳤을지도 모른다. 그러나 바보라고 놀림 받던 온달은 지혜로운 평강과의 만남을 통해 가난하고 어려운 환경을 극복하고 온 나라에 이름을 알린 훌륭한 장군이 되었다.

토의해 봅시다

다음은 좋은 인간관계를 형성하고 유지하는 방법에 대한 토의의 한 부분입니다. 읽고 물음에 답하세요.

A: 인간관계를 통해 얻을 수 있는 좋은 점은 매우 많습니다. 무엇보다도 어려운 일이 있을 때 서로 도움을 주고받을 수 있습니다.

B: 물론 인간관계는 꼭 필요한 것이지만 때로는 인간관계 때문에 어려움을 겪을 때도 있습니다. ⓐ제 경험에 비추어 보면 서로 뜻하지 않게 상처를 주거나 받게 되는 경우도 있고, 또 신경 써야 할 일이 많아서 가끔은 피곤할 때도 있습니다.

A: 그런 경우도 있지만 사람이 혼자 살 수는 없으니까 우리는 인간관계를 형성하고 유지하기 위해 노력해야 합니다. 아무리 친한 사이라도 예의를 갖추도록 노력하면 서로 상처를 주는 일을 줄일 수 있습니다. 그리고 편견이나 선입견을 가지지 않고 열린 마음으로 상대방을 대하면 좋은 관계를 만들 수 있다고 생각합니다.

(1) ⓐ와 의미가 같은 것은 무엇입니까?

① 경험을 많이 쌓으면

② 제 경험을 통해 보면

③ 직접 경험을 해 보면

(2) A의 생각과 **다른** 것은 무엇입니까?

① 서로 예의를 지키면 상처받을 일이 없다.

② 다른 사람에 대한 편견이나 선입견을 버려야 한다.

③ 사람들은 인간관계를 통해 많은 것을 얻을 수 있다.

(3) 두 사람이 동의하고 있는 것은 무엇입니까?

① 인간관계는 없어서는 안 되는 필수적인 것이다.

② 친한 관계에서는 예의를 꼭 갖추지 않아도 된다.

③ 인간관계는 힘들고 어려워서 피하고 싶을 때도 있다.

제 2 과 문제와 해결

어휘

1. 알맞은 것을 골라 대화를 완성하세요.

반품	하자	규정	사유	절차	소송

(1) A: 전자사전을 고치러 간다더니 안 갔어요?

B: 아니요. 갔는데 수리 신청 ______________ 이/가 너무 복잡해서 그냥 왔어요.

(2) A: 어제 코트를 샀는데 단추 하나가 없지 뭐예요. 어떻게 하지요?

B: ______________ 이/가 있는 물건이라면 바로 교환해 줄 거예요.

(3) A: 그 문제는 잘 해결됐나요?

B: 결국 법으로 해결해야 될 것 같아요. ______________ 은/는 피하고 싶었는데 어쩔 수 없네요.

(4) A: 새로 출시된 텔레비전에 문제가 있습니까?

B: 전원이 잘 켜지지 않아서 ______________ 요청이 계속 들어오고 있습니다.

(5) A: 선생님, 제가 내일 병원에 가야 돼서 학교에 못 오는데 출석에 문제는 없을까요?

B: 병원 진료나 출장, 결혼 등의 ______________ 은/는 출석으로 인정되니까 걱정 마세요.

(6) A: 이번 수영 대회에서 주의해야 할 점이 있습니까?

B: 대회 ______________ 에 맞지 않는 수영복은 엄격히 금지되어 있으니 미리 확인해 보시기 바랍니다.

2. ______에 공통으로 들어갈 단어를 고르세요.

(1)

- 직원을 더 뽑으려고 신문에 광고를 ______________.
- 그 여자는 외국 생활의 경험담을 모아 책을 ______________.
- 동료에 대해 좋지 않은 소문을 ______________ 것은 옳지 않다.

① 내다　　② 보내다　　③ 올리다

(2)

- 돈을 모아 집에서 가까운 곳에 작은 가게를 ______________.
- 마음을 ______________ 다른 사람을 대해야 인간관계가 좋아진다.
- 그 남자는 그동안 숨겨 왔던 것을 밝히겠다고 결심하고 입을 ______________.

① 두다　　② 열다　　③ 내밀다

3. 알맞은 것을 골라 대화를 완성하세요.

골치가 아프다　　**내 코가 석 자다**　　**눈앞이 캄캄하다**

(1) A: 지갑은 찾았어요?

B: 네. 마침 옆에 있던 한국인 친구가 도와줘서 빨리 찾을 수 있었어요. 지갑을 잃어버렸을 때는 정말 ______________ 찾아서 다행이에요.

(2) A: 요즘 우리 아이가 게임에 빠져서 걱정이에요. 하루 종일 게임만 하고 공부를 안 해요.

B: 저도 아이 교육 문제 때문에 요즘 ______________. 우리 아이도 공부에 전혀 관심이 없어서 큰일이에요.

(3) A: 나 이것 좀 도와줘. 학교 숙제인데 뭐가 뭔지 하나도 모르겠어.

B: 미안해. 지금 ______________. 내일까지 끝내야 하는 보고서가 있는데 아직 시작도 못 했거든.

준비합시다

01 -는 한

1. 알맞은 것을 골라 대화를 완성하세요.

옆에 있다	맡고 있다	포기하지 않다	가입되어 있다

(1) A: 이번 일이 정말 잘될까요? 안 되면 우리 회사에 큰 위기가 올 거예요.

B: 이번 일은 정우 씨 담당이잖아요. 책임감 있는 정우 씨가 그 일을 ____________ 잘될 거예요.

(2) A: 유학 생활을 오래 했는데 외롭지 않아요?

B: 괜찮아요. 친구들이 ____________ 외롭지 않아요.

(3) A: 사법시험 준비하느라 요즘 많이 힘들지요? 그만두고 싶다는 생각은 안 들어요?

B: 물론 힘들기는 하지요. 그렇지만 끝까지 ____________ 반드시 합격하는 날이 올 거라고 믿어요.

(4) A: 제가 주차하다가 다른 사람의 차를 심하게 긁었는데 어떻게 처리해야 할까요?

B: 자동차 보험은 들었지요? 보험에 ____________ 보상을 받을 수 있어요.

2. 알맞은 것을 골라 ◯ 표 하세요.

(1) A: 오늘 왜 이렇게 길이 막히지?

B: 교통사고가 났나? 다른 길로 (돌아가는 한, 돌아가지 않는 한) 제시간에 도착하지 못하겠어.

(2) A: 수진 씨, 이제 그만 화 푸세요.

B: 그 사람이 (사과하는 한, 사과하지 않는 한) 절대로 그 사람을 용서할 수 없어요.

(3) A: 요즘 건망증이 심해져서 걱정이에요.

B: 기억력이 좋은 사람이라도 (적어 놓는 한, 적어 놓지 않는 한) 잊어버리기 쉬워요.

02 -았/었더니

1. 알맞은 것을 찾아 연결하고 문장을 완성하세요.

한 일		뒤이어 나타난 사실이나 상황
보기 아침 일찍 학교에 갔다	• ——— •	교실에 아무도 없었다
(1) 창문을 열어 놓고 잤다	• •	① 감기에 걸렸다
(2) 그 사람을 직접 만나 봤다	• •	② 집 안이 환해졌다
(3) 지나가는 사람에게 길을 물었다	• •	③ 내부 수리 중이었다
(4) 일을 끝내고 밤늦게 집에 들어갔다	• •	④ 친절하게 알려 주었다
(5) 오랫동안 미뤄 두었던 대청소를 했다	• •	⑤ 생각보다 좋은 사람이었다
(6) 예전에 즐겨가던 식당에 오랜만에 찾아갔다	• •	⑥ 가족들은 모두 잠들어 있었다
(7) 다음 주말에 제주도에 가려고 여행사에 문의했다	• •	⑦ 비행기 표가 모두 매진되었다고 했다

보기 아침 일찍 학교에 갔더니 교실에 아무도 없었다.

(1) ______________________________.

(2) ______________________________.

(3) ______________________________.

(4) ______________________________.

(5) ______________________________.

(6) ______________________________.

(7) ______________________________.

2. 알맞은 것을 골라 대화를 완성하세요.

알아보다	전화하다	얘기하다

(1) A: 수진아, 어디 가는 길이야?

B: 유키가 오늘도 결석을 해서 수업 후에 유키한테 ______________ 심한 감기에 걸려서 누워 있대. 그래서 유키네 집에 가 보려고.

(2) A: 어머, 그게 다 뭐예요?

B: 어머니께서 보내 주신 음식들이에요. 며칠 전에 통화할 때 어머니가 해 주신 음식이 먹고 싶다고 ______________ 이것저것 만들어 보내 주셨어요.

(3) A: 예전에 같은 반에서 공부했던 왕단 씨를 만나고 싶다고 했잖아요. 어떻게 됐어요?

B: 연락이 안 돼서 여기저기 전화해서 ______________ 얼마 전에 고향으로 돌아갔다고 하더라고요.

3. 알맞은 것을 골라 ◯ 표 하세요.

(1) A: 민수랑 싸웠어? 왜 서로 말을 안 해?

B: 내가 아까 장난을 좀 (치더니, 쳤더니) 민수가 갑자기 심하게 화를 내지 뭐야. 그래서 좀 다퉜어.

(2) A: 히로 씨가 또 친구에게서 돈을 빌리던데요?

B: 이번 달에도 계획없이 돈을 마구 (쓰더니, 썼더니) 생활비가 벌써 다 떨어졌나 봐요.

(3) A: 유키 씨는 어디 갔어요?

B: 점심 식사 때 별로 배가 고프지 않다고 조금만 (먹더니, 먹었더니) 아직 네 시도 안 됐는데 배가 고프다면서 간식을 사러 나갔어요.

(4) A: 며칠 전에 이사했지요? 많이 피곤하겠어요.

B: 네, 혼자 이사하느라고 좀 힘들었는데 어제 찜질방에 (다녀오더니, 다녀왔더니) 피로가 싹 풀렸어요.

03 -(으)며

1. 알맞은 것을 찾아 연결하고 문장을 완성하세요.

특징 1	특징 2
보기 이 핸드폰은 작고 가볍다	기능도 다양하다
(1) 이 식당은 분위기가 좋다	① 토요일에는 닫다
(2) 우리 언니는 낮에는 회사에 다니다	② 음식 맛도 뛰어나다
(3) 한국의 공공 기관은 평일 오전 9시부터 오후 6시까지 문을 열다	③ 밤에는 학원에서 아이들을 가르치다

보기 이 핸드폰은 작고 가벼우며 기능도 다양하다.

(1) ______________________.

(2) ______________________.

(3) ______________________.

2. 알맞은 것을 골라 문장을 완성하세요.

편의 시설이 많다	서류를 내야 하다	사회봉사를 해 오다

(1) 내가 사는 아파트는 ______________ 시내에서도 가까워서 살기 편하다.

(2) 지원하려는 회사에 전화를 걸어 어떤 ______________ 접수 기간은 언제인지 문의하였다.

(3) 이화전자는 기업의 사회적 책임에 대해 관심이 많아서 지금까지 ______________ 앞으로도 계속할 것이라고 밝혔다.

말해 봅시다

1. 다음 물음에 답하세요.

(1) 주문한 제품을 확인할 때 어떻게 말할까요?

A: 주문 번호는 38657이고 저는 깨우입니다.
B: ______________________________?

① 반팔 블라우스를 주문하시겠습니까
② 반팔 블라우스를 주문하려고 합니까
③ 주문하신 제품이 반팔 블라우스입니까

(2) 반품 이유를 물을 때 어떻게 말할까요?

A: 며칠 전에 블라우스를 하나 샀는데 반품하고 싶어서요.
B: ______________________________?

① 제품에 무슨 문제가 있나요
② 반품 사유를 알고 있습니까
③ 제품에 문제가 있다고 들으셨어요

(3) 상대방의 말에 이의를 제기하고 싶을 때 어떻게 말할까요?

A: 상품이 배송중이라서 주문을 취소하실 수 없습니다.
B: 주문한 지 한 달이 다 되어 가는데 이건 ______________________________?

① 판매자의 실수였지요
② 판매자의 잘못인가요
③ 판매자의 책임 아닌가요

메모

2. 다음 대화를 읽고 물음에 답하세요.

상담원 이화닷컴입니다. 고객님, 무엇을 도와 드릴까요?

깨우 며칠 전에 티셔츠를 하나 샀는데 반품하고 싶어서요.

상담원 주문 번호와 고객님 성함을 말씀해 주십시오.

깨우 주문 번호는 38657이고 저는 깨우입니다.

상담원 네, 잠시만요. 6월 8일에 주문하신 긴팔 티셔츠 맞습니까?

깨우 네, 맞아요. 옷을 입어 봤더니 생각보다 너무 커요. 항상 제가 입던 치수를 주문했는데 이 티셔츠는 다른 옷보다 큰 것 같아요.

상담원 고객님, 옷의 디자인마다 실제 치수는 조금씩 다를 수 있습니다.

깨우 그래도 이 티셔츠는 너무 커요. 반품해 주세요.

상담원 아, 네, 그러시다면 반품해 드리도록 하겠습니다. 그런데 고객님, 규정상 ⓐ________________ 괜찮으시겠어요?

깨우 그래요? 알겠습니다. 그럼 반품은 어떻게 하지요?

상담원 저희가 계좌 번호를 알려 드릴 테니까 그쪽으로 배송비를 입금해 주세요. 2~3일 내에 택배 기사가 댁을 방문할 겁니다. 반품할 옷을 상자 안에 넣어서 보내 주세요.

깨우 네, 알겠습니다.

(1) ⓐ에 들어갈 말로 알맞지 <u>않은</u> 것은 무엇입니까?

① 제품에 하자가 있지 않는 한 배송비는 고객님 부담인데

② 제품에 이상이 있다면 배송비는 고객님이 부담하셔야 하는데

③ 제품에 문제가 있는 게 아니라면 배송비는 고객님이 내셔야 하는데

(2) 대화의 내용과 같은 것은 무엇입니까?

① 디자인이 다르면 실제 치수가 다를 수도 있다.

② 깨우는 티셔츠를 다른 디자인으로 교환하려고 한다.

③ 깨우는 입던 옷보다 큰 사이즈의 티셔츠를 주문했다.

(3) 옷을 반품하기 위해서 깨우가 할 일이 <u>아닌</u> 것은 무엇입니까?

① 택배 기사의 방문을 기다린다.　② 반품에 드는 배송비를 입금한다.

③ 반품할 옷을 우체국에 가서 직접 보낸다.

읽어 봅시다

1. 다음은 국민신문고의 홈페이지에 올라온 글입니다. 읽고 물음에 답하세요.

제목: 영어, 일본어, 중국어만 외국어?

작성자 깨우 신청일 9월 10일

안녕하세요? 저는 현재 한국에서 유학하고 있는 태국인 학생입니다. 저는 예전부터 역사에 관심이 많았고 한국에 와서도 시간이 있을 때마다 고궁이나 박물관에 자주 찾아갑니다. [A]

고궁이나 박물관을 둘러보다 보면 궁금한 것도 많고 더 알고 싶은 것도 많은데 외국어 안내가 영어와 일본어, 중국어밖에 없어서 ⓐ______________. 최근 한국에 거주하는 외국인이 아주 많아졌으며 그 국적도 매우 다양하다고 들었는데 고궁이나 박물관 등에 더 다양한 외국어 안내가 있으면 좋겠습니다. 일주일에 한 번, 아니면 한 달에 한 번이라도 괜찮을 것 같습니다. 국립중앙박물관은 월 1회 프랑스어나 이탈리아어, 스페인어 안내를 제공한다고 하는데 이곳에도 태국어 안내는 없습니다. [B]

앞으로 더 많은 외국어 안내가 제공되어 국적에 관계없이 외국인 누구나 고궁과 박물관 관람을 즐길 수 있었으면 합니다. [C]

↳ 깨우 님의 제안에 감사드립니다.
깨우 님께서 제안해 주신 내용은 저희 기관에서도 신중하게 검토하고 있는 내용입니다. 보다 많은 외국인들이 고궁과 박물관 관람을 즐길 수 있도록 노력하겠습니다. 앞으로도 좋은 의견 보내 주시기 바랍니다.

(1) 이 글을 쓴 목적은 무엇입니까?

① 국립중앙박물관의 외국어 안내를 소개하기 위해

② 한국에 거주하는 외국인이 많아졌음을 알리기 위해

③ 다양한 외국어 안내가 필요하다는 것을 말하기 위해

(2) ⓐ에 들어갈 말로 알맞은 것은 무엇입니까?

① 설명해 주기 쉽습니다　　② 자주 이용하게 됩니다

③ 도움을 받기 어렵습니다

(3) 다음 내용이 들어갈 부분으로 알맞은 곳은 어디입니까?

그런데 한 가지 아쉬운 점이 있어 이렇게 글을 올리게 되었습니다.

① [A]　　② [B]　　③ [C]

(4) 글의 내용과 **다른** 것은 무엇입니까?

① 글쓴이는 한국의 고궁이나 박물관에 많이 간다.

② 담당 기관은 이 제안을 바로 실행하기로 결정했다.

③ 국립중앙박물관에서는 프랑스어로 안내를 들을 수 있다.

2. 다음은 기숙사 게시판에 붙어 있는 공지입니다. 읽고 물음에 답하세요.

학생 여러분께 알립니다.

수도관을 교체하는 작업으로 일시적으로 물을 사용할 수 없습니다.
다음 시간에는 물이 나오지 않으니 양해해 주시기 바랍니다.

- **공사 일정**: 4월 17일 금요일 오전 10시～오후 4시
- **단수 시간**: 10:00～12:00 국제 기숙사
  12:00～2:00 대학원 기숙사
  2:00～4:00 학생관 A, B동

공사 직후에는 수도에서 잠시 더러운 물이 나올 수 있으니 바로 사용하지 마시고 처음 나오는 물은 버리고 사용하시기 바랍니다. 가능한 한 신속하게 공사를 마치도록 하겠습니다. 많은 협조 부탁드립니다.

(1) 이것은 무엇에 대한 공지입니까?

① 정전 안내　　② 단수 안내　　③ 소독 안내

(2) 글의 내용과 같은 것은 무엇입니까?

① 공사가 끝나면 바로 물을 사용해도 된다.

② 수도관을 바꾸는 동안 더러운 물이 나온다.

③ 기숙사마다 물이 안 나오는 시간이 다르다.

써 봅시다

다음은 교내 시설을 이용하면서 느끼는 문제점입니다. 다음을 읽고 학교 신문사에 보내는 투고의 글을 완성하세요.

교내에 놓여 있는 의자나 소파가 너무 더러워요. 낙서가 되어 있는 책상도 있고요.

다른 사람과 함께 이용하는 시설을 내 것처럼 생각해야지요. 다음 이용자를 배려하면 좋을 텐데…….

남의 것이 아니라 나의 것, 우리의 것!

학교 안에는 학생들이 잠시 앉아 쉴 수 있는 의자나 소파 등이 곳곳에 마련되어 있다. 그런데 가끔 보면 너무 더러운 의자나 소파가 많아 불쾌할 때가 있다.

처음에는 여러 사람이 사용하는 것이기 때문에 어쩔 수 없는 것이라고 생각했지만 단지 그것 때문만은 아닌 것 같다. 유심히 살펴보니 어떤 학생들은 김밥이나 음료수를 흘린 후에 제대로 닦지 않기도 하고 또 어떤 학생들은 신발을 신은 채 발을 소파 위에 올리고 앉아 이야기를 나누기도 한다. 그러니 의자들이 쉽게 더러워지는 것이다.

이것은 단지 의자나 소파에만 해당되는 이야기가 아니다. 학교 안의 시설을 둘러보면 깨끗하게 유지되고 있는 것이 별로 없다. 낙서가 되어 있는 교실 책상, 줄이 마구 그어져 있는 도서관의 책은 눈살을 찌푸리게 한다. 만약 자신의 책상이나 책이라면 이렇게 함부로 다루겠는가. 아마 그렇지 않을 것이다. 내 것이 아니라 남의 것이라고 생각하기 때문에 이런 문제가 생기는 것이다.

토의해 봅시다

다음은 공동생활에서 생기는 문제에 대한 토의의 한 부분입니다. 읽고 물음에 답하세요.

A: 기숙사에서 같은 방을 쓰는 친구 때문에 불편함을 겪는다면 상대방에게 바로 주의를 줘야 한다고 생각합니다. 같이 쓰는 방이지만 자기 방이기도 한데 자기 방에서 편하게 쉴 수 없다면 어디에서 쉴 수 있겠습니까?

B: 물론 누구나 자기 방에서 방해받지 않고 편하게 쉴 권리가 있다는 것에는 동의합니다. 그렇지만 상대방도 자기 방에서 원하는 대로 공부할 권리가 있습니다. ⓐ상대방의 입장에서 보면 자기 방에서 할 일을 한 것뿐인데 주의를 받으면 서운하고 불쾌할 것 같습니다. 공동생활에서는 어느 정도 상대방의 상황을 이해해 줘야 한다고 생각합니다. 늦게까지 공부하는 친구에게 불만을 이야기한다는 것은 너무 자기 생각만 하는 것 같습니다.

A: 하지만 상대방에게 불편함을 주지 않도록 노력은 해야 하지 않을까요? 너무 늦은 시간에는 도서관을 이용한다거나 가능한 한 낮 시간에 과제를 마치도록 하는 등 상대방을 위해 최대한 노력해야 한다고 생각합니다.

(1) 밑줄 친 ⓐ와 바꿔 쓸 수 **없는** 표현은 무엇입니까?

① 룸메이트의 쪽에서 보면

② 룸메이트의 주장에 따르면

③ 룸메이트의 편에서 본다면

(2) A가 주장하고 있는 것은 무엇입니까?

① 공동생활에서는 서로의 상황을 고려해야 한다.

② 공동생활에서 상대방에게 주의를 주는 것은 좋지 않다.

③ 상대방에게 불편함을 주지 않도록 최대한 노력해야 한다.

(3) B는 A의 발언에 대해 어떤 태도를 가지고 있습니까?

① A의 발언에 전적으로 동의하고 있다.

② A의 발언에 대해 보충 설명을 요청하고 있다.

③ A의 발언을 부분적으로 인정하면서 반박하고 있다.

제 3 과 TV와 생활

어휘

1. 알맞은 것을 골라 대화를 완성하세요.

유해하다　　참신하다　　유익하다　　식상하다　　일으키다　　충족시키다

(1) A: 왜 요즘은 TV를 안 봐요? TV 보는 것 좋아했잖아요.

B: 매일 똑같은 연예인들만 나오니까 ________________ 못 보겠어요.

(2) A: 신제품 기획 회의는 잘 끝났어요? 새로운 아이디어가 많이 나왔나요?

B: 네. 지금까지 생각하지 못했던 ________________ 아이디어가 많이 나왔어요.

(3) A: 노래 제목 옆에 빨간색으로 ⑲라고 표시가 된 게 있던데 그건 뭐예요?

B: 노래 내용이 청소년들에게 ________________ 이유로 다운로드나 판매가 금지된 거예요.

(4) A: 이 학교 학생 식당의 특별한 점은 무엇입니까?

B: 학생들의 다양한 기호를 ________________ 위해 매달 새로운 메뉴를 선보이는 것입니다.

(5) A: 인터넷 게임에 중독된 청소년이 점점 늘고 있다는 뉴스 봤어요?

B: 네. 게다가 게임에 빠져서 현실과 가상을 구분하지 못하고 문제를 ________________ 경우도 있다던데 정말 걱정이에요.

(6) A: 어제 신입생 오리엔테이션에 잘 다녀왔어요?

B: 네. 학교생활에 도움이 되는 ________________ 정보들을 많이 얻었어요.

2. ________에 공통으로 들어갈 단어를 고르세요.

(1)
- 이 가방은 밑에 바퀴가 달려 있어서 ____________ 수 있다.
- 그의 장점은 무슨 일이든지 시간을 ____________ 않고 빨리 끝내는 것이다.
- 요즘 검은 콩으로 만든 음료가 건강식품으로 큰 인기를 ____________ 있다.

① 받다 ② 끌다 ③ 보내다

(2)
- 10을 2로 ____________ 5가 된다.
- 친구와 이야기를 ____________ 것은 언제나 즐겁다.
- 글은 보통 서론, 본론, 결론의 세 부분으로 ____________.

① 꺼내다 ② 더하다 ③ 나누다

3. 알맞은 것을 골라 대화를 완성하세요.

낯이 뜨겁다	눈에 거슬리다	눈 뜨고 볼 수 없다

(1) A: 어제 지진이 났다는 뉴스 봤어요?

B: 네, 뉴스에 나온 지진 현장을 봤는데 무너진 건물과 사상자들의 모습이 어찌나 참혹한지 도저히 ____________________.

(2) A: 이번에 새로 오시는 부장님에 대해 뭐 들은 거 있어요?

B: 일할 때 ____________________ 게 조금이라도 있으면 그냥 넘어가지 못하는 완벽주의자래요.

(3) A: 요즘 케이블 방송은 가족들과 함께 보기 부적절한 프로그램이 많은 것 같아요.

B: 맞아요. 지난번에도 아이들과 함께 방송을 보고 있었는데 갑자기 선정적인 장면이 나오는 거예요. 정말 ____________________ 혼났어요.

준비합시다

01 치고

1. '치고'를 사용해서 문장을 바꾸세요.

보기 값이 싼 물건은 품질이 좋지 않다.

⇨ 값이 싼 물건치고 품질이 좋은 물건은 없다.

(1) 게으른 사람은 성공하지 못한다.

⇨ ______________________________.

(2) 동물을 좋아하는 사람은 모두 착하다.

⇨ ______________________________.

(3) 요즘 대학생들은 대부분 어학연수를 다녀온다.

⇨ ______________________________.

2. 알맞은 것을 골라 대화를 완성하세요.

모델	겨울	한국 사람

(1) A: 올해 1월은 별로 안 추운 것 같아요.

B: 네. ____________________ 참 따뜻하네요.

(2) A: 수진 씨 키가 170cm가 넘는다면서요? 키가 참 큰 것 같아요.

B: 보통 사람들과 비교하면 그렇지요. 그렇지만 수진 씨는 직업이 특별하잖아요. 수진 씨는 ____________________ 키가 작은 편이에요.

(3) A: 오늘 점심은 매운탕 어때요? 민호 씨도 매운 음식을 좋아하겠지요?

B: 아니요. 민호 씨는 ____________________ 매운 음식을 잘 못 먹는 편이에요. 다른 걸 먹는 게 좋겠어요.

02 에 따라

1. 알맞은 것을 골라 대화를 완성하세요.

무게	크기	지방	환경	계절	기호	종류

(1) A: 김치는 다 똑같은 줄 알았는데 서울이랑 부산이랑 김치 맛이 다르더라고요.

B: 사람들이 사는 ____________________ 넣는 재료들이 다르니까요. 부산 김치는 젓갈이 많이 들어가서 서울 김치보다 좀 짜요.

(2) A: 저, 택배 좀 보내려고 하는데요. 요금이 얼마나 되죠?

B: 보내는 물건의 ____________________ 요금이 다릅니다. 여기 저울에 올려 주세요.

(3) A: 우리집 꽃은 물을 잘 줘도 금방 죽어 버려요. 왜 그럴까요?

B: 햇볕이 부족한 거 아닐까요? 식물들은 ____________________ 자라는 게 다르니까 햇볕이 잘 드는 창가에 놓아 보세요.

(4) A: 아메리카노 한 잔 주세요. 얼마예요?

B: 컵의 ____________________ 가격이 다른데 어떤 걸로 드릴까요?

(5) A: 수진 씨, 한국 라면은 어떻게 요리해요?

B: 냄비에 500cc 정도의 물을 끓인 후 수프와 라면을 넣고 4~5분 정도만 더 끓이면 돼요. 그리고 ____________________ 계란이나 파 등 좋아하는 재료를 넣으면 더 맛있어요.

(6) A: 쓰레기 분리수거는 어떻게 하면 돼요?

B: 쓰레기를 ____________________ 분리해서 정해진 요일에 내 놓으면 돼요.

(7) A: 저 산 좀 보세요. 가을이 되니까 단풍이 들어서 아주 아름다워요.

B: 그렇군요. ____________________ 나뭇잎의 색이 변하는 게 정말 신기하지요?

2. 알맞은 것을 찾아 연결하고 문장을 완성하세요.

일어난 일	함께 일어난 일
보기 기름 값이 오르다 •	• 대중교통을 이용하는 사람들이 많아지다
(1) 점점 나이가 들다 •	• ① 쓰레기 양이 늘어나다
(2) 휴가철이 가까워지다 •	• ② 주차 문제가 심각해지다
(3) 일회용품 사용이 증가하다 •	• ③ 호텔 예약하기가 힘들어지다
(4) 초고속 인터넷이 보편화되다 •	• ④ 건강에 대한 관심이 높아지다
(5) 겨울에서 봄으로 계절이 바뀌다 •	• ⑤ 사람들의 옷차림이 눈에 띄게 가벼워지다
(6) 자동차를 보유한 사람이 많아지다 •	• ⑥ 실업자 수가 작년에 비해 큰 폭으로 증가하다
(7) 경제난으로 많은 기업들이 문을 닫다 •	• ⑦ 지식과 정보를 공유하는 일이 편해지다

보기 기름 값이 오름에 따라 대중교통을 이용하는 사람들도 많아졌다.

(1) ______________________________.

(2) ______________________________.

(3) ______________________________.

(4) ______________________________.

(5) ______________________________.

(6) ______________________________.

(7) ______________________________.

03 -더라도

1. 알맞은 것을 골라 대화를 완성하세요.

잘하다	힘들다	말을 하다

(1) A: 민수 씨가 그렇게 거짓말을 잘하는 줄 몰랐어요. 몇 번이나 속았어요.

B: 이제 그 친구가 무슨 ____________________ 사람들이 믿지 않을 거예요.

(2) A: 오다가 사고가 날 뻔했어요. 무사고 운전 경력 10년 만에 이런 일은 처음이에요.

B: 아무 일 없어서 정말 다행이에요. 운전을 ____________________ 운전할 때마다 항상 조심해야 돼요.

(3) A: 며칠 동안 쉬지도 못하고 일했더니 정말 피곤해요. 이런 식으로 계속 하면 너무 지쳐서 이 일을 중간에 그만두게 될지도 모르겠어요.

B: ____________________ 조금만 더 힘내세요. 이제 거의 다 끝났잖아요.

2. 알맞은 것을 골라 ◯ 표 하세요.

(1) A: 정우 씨 때문에 너무 화가 나요. 왜 자꾸 약속을 잊어버리는지 모르겠어요.

B: 화가 (나더라도, 났더라도) 좀 참으세요. 요즘 정우 씨가 너무 바쁜 것 같더라고요.

(2) A: 민호 씨가 시험에 또 떨어졌다고 해서 위로해 주려고 전화했더니 별로 안 좋아하더라고요.

B: 저런, 그런 이야기는 (듣더라도, 들었더라도) 모르는 척했어야지요. 민호 씨가 얼마나 속상하겠어요.

(3) A: 수진 씨, 오늘 저녁 모임에는 우리 반 친구들이 다 모이니까 꼭 오세요.

B: 저녁에 중요한 회의가 있기는 한데 (늦더라도, 늦었더라도) 꼭 갈게요.

(4) A: 식사를 많이 해서 후식은 못 먹을 것 같아요.

B: 배가 (부르더라도, 불렀더라도) 조금만 맛보세요. 이 집 후식이 아주 맛있거든요.

말해 봅시다

1. 다음 물음에 답하세요.

(1) 상대방이 거절한 것을 다시 권할 때 어떻게 말할까요?

A: 저는 예능 프로그램은 유치해서 싫은데 다른 걸 보면 어때요?
B: 왜요? 스트레스도 풀리고 얼마나 좋은데요. ______________________.

① 그러지 말고 한번 보지그래요

② 그렇다면 한번 생각해 보세요

③ 그러면 다른 걸 보는 게 좋겠어요

(2) 어떤 일이 예외적일 때 어떻게 말할까요?

A: 저는 지금까지 재미있는 교양 프로그램을 본 적이 없어요.
B: 이건 달라요. 이 프로그램은 ______________________.

① 교양 프로그램이니까 재미있어요

② 다른 교양 프로그램처럼 재미있어요

③ 교양 프로그램치고 재미있는 편이에요

(3) 어떤 일에 대한 확신을 표현할 때 어떻게 말할까요?

A: 그렇게 재미있다고 하니까 오늘은 그걸 한번 볼까요?
B: 사라 씨도 ______________________.

① 분명히 재미있어할 거예요

② 후회할 수밖에 없을 거예요

③ 확실하게 말할 수 있을 거예요

메모

2. 다음 대화를 읽고 물음에 답하세요.

유키 사라 씨, 지금 보고 있는 게 뭐예요?
사라 '비밀의 정원'이라는 드라마예요. 재미있는데 사라 씨도 같이 볼래요?
유키 글쎄요. 저는 드라마는 별로 안 좋아해서요.
사라 왜요? 얼마나 재미있는데요. 유명한 배우는 나오지 않지만 내용이 눈을 뗄 수 없을 만큼 아주 흥미진진해요. 유키 씨도 한번 보면 푹 빠질 거예요.
유키 드라마는 너무 비현실적이지 않아요? 다른 걸 보면 어때요? 지금 다른 채널에서 '아마존 사람들'을 하고 있어요.
사라 '아마존 사람들'요?
유키 네, 1년 동안 아마존을 탐험하면서 그곳의 자연과 사람들의 생활상을 찍은 다큐멘터리예요.
사라 저는 다큐멘터리는 너무 지루해서 별로예요. ⓐ＿＿＿＿＿＿＿＿＿＿.
유키 그렇지 않아요. 프로그램 연출 방법에 따라 다르겠지만 이 프로그램은 다른 교양 프로그램과 달리 아주 재미있어요.
사라 그래요? 유키 씨가 그렇게 재미있다고 하니까 오늘은 그걸 한번 볼까요?
유키 사라 씨도 틀림없이 마음에 들어 할 거예요. 빨리 채널을 돌려 보세요.

(1) ⓐ에 들어갈 말로 알맞지 **않은** 것은 무엇입니까?

① 지금까지 제가 본 다큐멘터리는 모두 지루했어요

② 다큐멘터리는 모두 지루하지만 제가 본 것은 달라요

③ 저는 다큐멘터리치고 지루하지 않은 것을 본 적이 없어요

(2) 사라가 '비밀의 정원'을 추천하는 이유는 무엇입니까?

① 내용이 아주 흥미롭기 때문에　　② 유명한 배우가 출연하기 때문에

③ 비현실적이라서 현실을 잊을 수 있기 때문에

(3) 대화의 내용과 **다른** 것은 무엇입니까?

① 유키는 드라마를 한번 보고 푹 빠졌다.　　② 두 사람은 '아마존 사람들'을 볼 것이다.

③ 사라는 다큐멘터리가 지루하다고 생각한다.

읽어 봅시다

1. 다음은 TV의 변천사에 대한 글입니다. 읽고 물음에 답하세요.

ⓐ ____________________

현대 가정에서 TV는 생활의 필수품이라고 할 수 있다. 집에 돌아오면 자연스럽게 TV를 켜는 것이 일상이 되어 버린 지금, TV는 우리 생활에서 없어서는 안 될 중요한 물건이 되었다.

한국에서는 1950년대 중반에 흑백 TV가 처음으로 들어왔고 1960년대부터 일반 사람들에게 본격적으로 보급되기 시작했다. 그당시 TV는 한 동네에서 한두 집밖에 없을 만큼 아주 귀한 것이었기 때문에 재미있는 드라마나 중요한 스포츠 경기를 할 때면 TV가 있는 집에 온 동네 사람들이 모이곤 했다.

이러한 TV는 1980년대 들어서 급속도로 보급되었고 결혼할 때 다른 것은 준비하지 못하더라도 TV만은 꼭 장만할 만큼 사람들에게 큰 인기를 끌었다. 그 후 컬러 TV가 나오면서 좀 더 다양한 볼거리가 제공되었으며 1988년 서울 올림픽을 거치면서 TV 방송 또한 질적, 양적으로 더욱 성장하게 되었다.

1990년대에는 TV의 보급과 함께 비디오 시장도 성장하여 개인이 직접 비디오 카메라로 영상을 찍는 일도 많아졌다. 그리고 2000년대 들어서는 TV가 아날로그에서 디지털로 전환되어 시청자들이 더욱 선명하고 생생한 영상을 즐길 수 있게 되었다.

최근에는 TV가 인터넷과 만나 더욱 똑똑해졌다. 다양한 콘텐츠를 인터넷에서 실시간으로 내려받아 TV로 볼 수 있고 방송 정보는 물론 뉴스, 날씨, 이메일 등을 TV 화면에서 바로 확인할 수 있는 편리한 기능도 있다. 이렇게 TV는 시대에 따라 수많은 변화를 거쳐왔다. 앞으로 10년 후에는 우리 앞에 또 어떤 TV가 등장하게 될까.

(1) ⓐ에 맞는 제목은 무엇입니까?

① TV가 없는 세상

② TV와 떠나는 시간 여행

③ 흑백 TV에서 인터넷 TV까지

(2) TV의 시대별 변화를 설명한 것으로 맞는 것은 무엇입니까?

① 1960년 이전에는 한국에서 TV를 찾아볼 수 없었다.

② 1980년대에는 컬러 TV의 등장과 함께 볼거리도 많아졌다.

③ 1990년대가 되면서 TV가 아날로그에서 디지털로 바뀌었다.

(3) 글의 내용과 다른 것은 무엇입니까?

① 사람들의 생활이 달라짐에 따라 TV도 변화되었다.

② TV는 현대인의 생활에서 꼭 필요한 물건이 되었다.

③ 최근 TV는 똑똑한 기능으로 생활에 편리함을 가져왔다.

2. 다음은 한 프로그램의 기획 의도입니다. 읽고 물음에 답하세요.

휴먼 다큐 〈사람 사는 이야기〉

- **기획 의도**:
이 프로그램에서는 우리 주변에서 함께 살아가는 이웃들의 특별한 사연과 함께 모두가 공감할 만한 감동의 주인공들을 찾아내어 소개한다. 시청자들은 점점 삭막해지는 현대 사회 속에서 사람들의 마음을 따뜻하게 해 주는 행복한 이야기들을 만날 수 있다.

- **방송 시간**: 매주 수요일 오후 7시 30분

(1) 이 프로그램의 장르는 무엇입니까?

① 예능 프로그램

② 보도 프로그램

③ 교양 프로그램

(2) 글의 내용과 다른 것은 무엇입니까?

① 이 프로그램은 일주일에 한 번 방송된다.

② 평소에 만나기 힘든 유명한 사람들을 소개한다.

③ 사람들에게 감동을 주는 이야기로 구성되어 있다.

써 봅시다

다음은 TV 드라마를 보면서 느끼는 문제점입니다. 다음을 읽고 비평의 글을 완성하세요.

드라마마다 소재가 너무 비슷비슷해서 금방 질려요.

외모는 뛰어나지만 연기를 너무 못하는 스타가 나와서 드라마 내용에 집중하기 힘들 때도 있어요.

시청자들은 새로운 드라마를 원한다

한국은 '드라마 왕국'이라고 불릴 만큼 일주일 내내 많은 드라마가 TV로 방영되고 있다. 드라마는 지친 일상에 활력소가 되기도 하고 잠시 동안 현실을 벗어나 꿈을 꿀 수 있게 해 주기도 한다. 그러나 지금 방영되고 있는 대부분의 드라마들이 공통적인 문제점을 안고 있는 것 같아 몇 가지 지적하려고 한다.

먼저 지적하고 싶은 문제점은 드라마의 소재가 너무 비슷비슷하다는 것이다. 최근 드라마들의 소재를 살펴보면 재벌 2세와 가난한 여자 주인공과의 사랑 이야기, 삼각관계, 복잡한 인물 관계 등 기존 드라마에서 항상 사용해 왔던 소재들에서 크게 벗어나지 못하고 있다. 그렇기 때문에 시청자들은 쉽게 식상함을 느끼게 된다.

시청자들은 이제 좀 더 새롭고 신선한 드라마를 원한다. 따라서 드라마 제작자들은 기존의 똑같은 이야기들에서 벗어나 참신하고 다양한 소재들로 드라마를 만들어야 할 것이다. 또한 배우의 뛰어난 연기력을 바탕으로 드라마의 완성도를 높여야 시청자들의 마음을 움직일 수 있을 것이다.

토의해 봅시다

다음은 TV의 영향에 대한 토의의 한 부분입니다. 읽고 물음에 답하세요.

A: 저는 TV가 우리 삶에 좋은 영향을 많이 준다고 생각합니다. 사람들은 TV를 통해 새로운 정보와 소식을 빠르게 얻을 수 있습니다. 그리고 TV를 보면서 꿈과 희망을 가질 수 있을 뿐만 아니라 일상생활에서 쌓인 스트레스도 풀 수 있습니다.

B: 앞에서 말씀하신 것처럼 TV가 우리에게 주는 좋은 점도 있지만 제 생각에는 좋지 않은 영향을 주는 경우가 더 많다고 생각합니다. 요즘 TV를 보면 폭력적이거나 선정적인 장면들이 그대로 방송되고 있는 것을 볼 수 있는데 ⓐ<u>신문 기사에 따르면</u> TV 속에 나오는 이런 장면을 그대로 따라하여 문제를 일으키는 청소년들이 늘고 있다고 합니다. 이런 문제를 방지하기 위해서 청소년들이 TV를 보지 못하도록 TV 시청을 제한해야 한다고 생각합니다.

A: 글쎄요. 제 생각에는 무조건 TV를 보지 못하게 하기보다는 방송 심의를 강화해서 폭력적이거나 선정적인 내용을 방송하지 못하게 하는 것이 나을 것 같습니다. TV 시청을 통해서 얻을 수 있는 좋은 점들이 더 많기 때문입니다.

(1) 밑줄 친 ⓐ와 바꿔 쓸 수 있는 표현은 무엇입니까?

① 신문 기사에 따라

② 신문 기사에 의하면

③ 신문 기사를 통해서

(2) B가 주장하고 있는 것은 무엇입니까?

① TV를 통해 얻을 수 있는 것도 있지만 잃을 수 있는 것도 있다.

② TV는 청소년에게 부정적인 영향을 주기 때문에 시청을 제한해야 한다.

③ TV의 부정적인 영향을 줄이기 위해서 TV 내용에 대한 심의를 강화해야 한다.

(3) 두 사람은 자신의 의견을 어떻게 제시하고 있습니까?

① B는 자신의 의견을 종합해서 간단하게 정리하고 있다.

② A는 B의 의견에서 부족한 부분을 보충해서 설명하고 있다.

③ B는 신문 기사를 근거로 제시하여 자신의 주장을 뒷받침하고 있다.

제 4 과 진로와 직업

어휘

1. 알맞은 것을 골라 대화를 완성하세요.

실현하다	이직하다	추구하다	채용하다	탐색하다	파악하다

(1) A: 요즘 신입 사원 중에 1년도 안 돼서 회사를 옮기는 사람들이 많대요.

B: 일단 취업했다가 자신에게 더 잘 맞는 일자리로 ________________ 것 같아요.

(2) A: 어떤 계기로 이 가요제에 참가하셨나요?

B: 늘 큰 무대에 서 보고 싶었는데 이번이 그 꿈을 ________________ 수 있는 좋은 기회인 것 같아서 참가하게 됐습니다.

(3) A: 돈 좀 많이 벌고 싶은데 주식에나 투자해 볼까?

B: 그렇게 막연히 투자하면 안 돼. 투자에 성공하려면 경제의 흐름을 잘 ________________ 줄 알아야 해.

(4) A: 요즘 직업 체험 프로그램이 많이 생겨서 학생들이 자기에게 맞는 직업을 찾기가 쉬워졌대요.

B: 진로를 ________________ 있는 학생들에게는 큰 도움이 되겠네요.

(5) A: 요즘 사람들은 자신에게 직접 도움이 되지 않는 일은 잘 하지 않으려고 하는 것 같아요.

B: 어쩌다가 사람들이 개인의 이익만 ________________ 되었는지 모르겠네요.

(6) A: 올해에 사원을 많이 뽑으실 계획입니까?

B: 네, 우리 회사는 올해 신입 사원을 200명쯤 ________________ 계획입니다.

2. ________에 공통으로 들어갈 단어를 고르세요.

(1)

- 까만 밤하늘에 별이 ____________ 있다.
- 벽에 ____________ 못을 빼내고 페인트를 다시 칠했다.
- 틀에 ____________ 생활에서 벗어나고 싶어서 여행을 떠났다.

① 돋다　　② 걸리다　　③ 박히다

(2)

- 연기가 나서 가 보니 사람들이 불을 ____________ 있었다.
- 명절이 되면 가족이 모여 앉아 송편을 만들며 이야기꽃을 ____________.
- 게으름을 ____________ 않고 언제나 열심히 일하는 것이 그 사람의 장점이다.

① 켜다　　② 피우다　　③ 태우다

3. 알맞은 것을 골라 대화를 완성하세요.

속이 타다　　**물 건너가다**　　**발 뻗고 자다**

(1) A: 민호 씨는 아직도 안 왔어요? 화장실 간 사람이 왜 이렇게 안 오지요? 이러다가 기차 놓치겠어요.

B: 어, 저기 와요. 기차를 놓칠까 봐 우리는 ____________________ 민호 씨는 커피까지 들고 느긋하게 걸어오네요.

(2) A: 사라 씨, 저 드디어 기말 시험이 다 끝났어요. 과제도 다 제출했고요.

B: 축하해요. 오늘부터는 ____________________.

(3) A: 오늘 시험 잘 봤어요? 오늘 본 과목에서도 A를 받을 것 같아요?

B: 아니요. 오늘 시험에서 전혀 예상하지 못한 문제가 나왔어요. 전 과목 A를 받겠다던 꿈은 ____________________.

준비합시다

01 -아/어 봤자

1. 알맞은 것을 골라 대화를 완성하세요.

짓다	키우다	정하다	노력하다

(1) A: 농사일을 하시면서 가장 어려운 점이 무엇입니까?

B: 날씨가 제일 걱정이죠. 한 해 농사를 열심히 ______________ 태풍이 한 번 휩쓸고 가면 아무것도 남는 것이 없어요. 한 해 농사 헛지은 게 되는 거죠.

(2) A: 아무리 열심히 공부해도 결과는 항상 그대로인 것 같아. 이제 그만할래.

B: 그게 무슨 소리니? ______________ 소용없다고 하는 사람은 최선을 다하지 않은 사람이야.

(3) A: 노부모를 모시기가 싫어서 형제들이 서로 책임을 미루는 경우가 있다던데요.

B: 자식 ______________ 소용없다더니 그런 사람들을 두고 하는 말이군요.

(4) A: 우리 동아리에서 매일 모여 연습을 해야 한다는 규칙을 만든다면 지키기가 어려울까요?

B: 네, 사실 그렇게 생각해요. 규칙을 ______________ 지키는 사람이 없다면 소용없잖아요. 취미로 하는 건데 매일 모일 수 있는 사람은 별로 없을 것 같아요.

2. 알맞은 것을 찾아 연결하고 문장을 완성하세요.

시도	결과
보기 전화번호를 외우다 •	—— • 건망증이 심해서 며칠 지나면 잊어버리다
(1) 적금을 붓다 •	• ① 그동안 거짓말을 자주 해서 사람들이 믿지 않다
(2) 백화점에 가다 •	• ② 은행 이자가 낮아서 수익을 얻지 못하다
(3) 사실을 말하다 •	• ③ 세일기간이 끝나서 물건을 싸게 살 수 없다

보기 전화번호를 외워 봤자 건망증이 심해서 며칠 지나면 잊어버릴 것이다.

(1) ______________________________.

(2) ______________________________.

(3) ______________________________.

02 -아/어 두다

1. 알맞은 것을 골라 글을 완성하세요.

읽다	적다	세우다	생각하다

11월 30일 수요일

달력이 한 장밖에 남지 않은 것을 보고 참 아쉽다는 생각이 들었다. 그렇지만 아쉬워해도 흘러간 시간은 되돌아오지 않으니까 아쉬운 마음은 잠시 접어 둔 채 새해를 알차게 보내기 위한 계획을 미리 (1)__________ 했다.

내년에는 독서를 많이 해야겠다. 나는 독서가 작가의 꿈을 실현하기 위해 가장 중요한 준비 과정이라고 생각한다. 그래서 내년 11월 30일까지 가능한 한 많은 책을 (2)__________ 것이다. 그리고 이런 준비 과정을 바탕으로 지금까지 머릿속으로만 (3)__________ 줄거리를 직접 글로 써 보겠다. 그리고 매일 밤 자기 전에 다음 날을 위한 긍정적인 생각을 여기에 (4)__________ 것도 좋을 것 같다. 그렇게 하면 다음 날 하루를 즐겁게 시작할 수 있지 않을까. 오늘도 밝은 미래를 꿈꾸며 잠자리에 든다.

2. 알맞은 것을 골라 대화를 완성하세요.

들다	받다	보다	사다	담그다	공부하다	충전하다

(1) A: 사라 씨, 요즘 비행기 표가 너무 비싸지 않아요? 미국에 다녀오려고 하는데 비행기 표가 너무 비싸서 못 사겠어요.

B: 그래요? 저는 미리 ________________ 여행비가 조금 절약되기는 했어요.

(2) A: 수진 씨, 뭐 더 필요한 것 없어요?

B: 사진기 좀 준비해 주세요. 배터리가 부족하지 않도록 ________________ 좋겠어요.

(3) A: 한국 사람들이 왜 가을에 김장을 하는지 아세요?

B: 네. 겨울 동안 채소를 먹기 위해 가을에 김치를 ________________ 거라고 들었어요.

(4) A: 여행 잘 다녀오겠습니다.

B: 그래. 그리고 이거, 여행하는 동안 갑자기 돈이 필요할지 모르니까 비상금이라 생각하고 ________________.

(5) A: 선생님, 시험에 뭐가 나와요? 좀 알려 주세요.

B: 시험에 뭐가 나올지 모르니까 배운 것을 다 ________________ 게 제일 좋아요.

(6) A: 수술비를 내려면 갑자기 목돈이 필요했을 텐데 어떻게 해결했어요?

B: 보험금을 받았어요. 이런 일이 있으니 보험을 ________________ 보람이 있네요.

(7) A: 갑자기 손님이 들이닥쳐서 힘들지 않았어요?

B: 네, 사실 갑자기 오셔서 놀랐어요. 장을 미리 ________________ 않았더라면 저녁 대접도 못 할 뻔했어요.

03 -(으)ㄴ 끝에

1. 알맞은 것을 찾아 연결하고 문장을 완성하세요.

과정		결과
보기 한 시간이나 기다렸다	• ——— •	맛있기로 유명한 식당에서 식사했다
(1) 부모님을 며칠 동안 설득했다	• •	① 진학할 학교와 학과를 결정했다
(2) 여러 차례 진학 설명을 들었다	• •	② 그동안의 오해를 풀고 화해했다
(3) 친구와 밤새워 이야기를 나눴다	• •	③ 유학 가도 좋다는 허락을 받았다

보기 한 시간이나 기다린 끝에 맛있기로 유명한 식당에서 식사할 수 있었다.

(1) ______________________________.

(2) ______________________________.

(3) ______________________________.

2. 알맞은 것을 골라 대화를 완성하세요.

고생	실패	심사숙고

(1) A: 회사 앞 '대박 식당'에 손님이 항상 줄 서 있잖아요. 그런데 그 식당 사장이 이번 사업 시작하기 전에 여러 번 망했었대요.

B: 그래요. 그래도 여러 번의 ______________ 결국 성공했으니 다행이네요.

(2) A: 아니, 그렇게 오래 다닌 회사를 그만두겠다고? 다시 한 번 잘 생각해 보는 게 어떻겠니?

B: ______________ 결정한 일이니 저를 한번 지켜 봐 주세요.

(3) A: 저 취직했어요. 들어가고 싶었던 회사에 취직해서 정말 좋아요.

B: 축하해. ______________ 낙이 온다더니 정말 잘됐다.

말해 봅시다

1. 다음 물음에 답하세요.

(1) 어떤 일이 쉽지 않다는 것을 어떻게 말할까요?

A: 유키 씨는 앞으로 취직할 거라고 했지요?
B: 네. 그런데 걱정이에요. 요즘 일자리 찾기가 ____________________.

① 해 볼 만하다고 들었거든요

② 식은 죽 먹기라고 하잖아요

③ 만만치 않은 일이라고 해서요

(2) 걱정해도 소용없다는 것을 어떻게 말할까요?

A: 요즘 불경기라서 신입 사원 채용을 안 하면 어떻게 하지요?
B: ______________________________.

① 걱정해 봤자 달라지는 건 없어요

② 걱정하다 보면 답이 나올 거예요

③ 걱정만 하고 있는 것과 뭐가 달라요

(3) 준비가 중요하다는 것을 어떻게 말할까요?

A: 수진 씨가 말한 대로 잘 준비해 볼게요.
B: 네, 힘내세요. ______________________________.

① 준비는 누구나 하는 거잖아요

② 막상 기회가 왔을 때 놓치기 쉽잖아요

③ 준비된 자에게 기회가 온다고 하잖아요

메모

2. 다음 대화를 읽고 물음에 답하세요.

사라 올가 씨는 한국어 공부를 다 마치면 뭐 할 거예요?

올가 한국에 있는 식당에 요리사로 취직하려고 해요. 그래서 이번에 조리사 자격증 시험을 보려고 신청해 뒀어요.

사라 그럼 곧 시험 보러 가겠네요. 떨리겠어요.

올가 네, 좀 떨려요. 그런데 사라 씨는 앞으로 뭐 할 거예요?

사라 한국의 의류 회사에서 한번 일해 보고 싶은데 취직할 수 있을지 걱정이에요. 요즘 한국에서 취직하기가 하늘의 별 따기라고 들었거든요.

올가 사라 씨답지 않게 왜 그렇게 걱정을 해요? 그리고 걱정해 봤자 소용없어요. 오히려 그 시간에 취업 준비를 더 하는 게 도움이 될 거예요.

사라 그런데 뭘 어떻게 준비해야 할지 막막해요. 제가 패션 디자인 학과를 나온 게 아니라서요.

올가 의류 회사에서 일할 때 전공이 중요하지는 않은 것 같아요. 해외 영업 부서 같은 곳은 오히려 외국어를 잘하는 게 ⓐ____________________.

사라 그래요? 전 외국어는 자신 있어요. 다른 나라 말을 배우는 데 관심도 많고요.

올가 잘됐네요. 그럼, 여러 가지 외국어를 공부해 두세요. 참, 그리고 회사마다 요구하는 것이 다르니까 인터넷에서 채용 정보를 확인하면서 여러 회사에 대한 정보도 많이 알아 두세요.

사라 알겠어요. 고마워요.

(1) ⓐ에 들어갈 말로 알맞은 것은 무엇입니까?

① 유리할 수도 있어요 ② 어려울 수도 있어요

③ 방해가 될 수도 있어요

(2) 올가가 조언한 것이 아닌 것은 무엇입니까?

① 외국어 공부를 할 것 ② 여러 회사에 지원할 것

③ 채용 정보를 확인할 것

(3) 대화의 내용과 다른 것은 무엇입니까?

① 올가는 조리사 자격증을 따 두었다. ② 사라는 평소에 걱정을 하는 편이 아니다.

③ 사라는 무엇을 어떻게 준비해야 할지 몰라서 걱정이다.

읽어 봅시다

1. 다음은 진로를 찾는 방법에 대한 글입니다. 읽고 물음에 답하세요.

나의 길을 찾는 방법

당신은 인생길의 어디쯤에 서 있는가? 지금 당신이 가고 있는 길이 어떤 모습이든 길 위에서 앞으로 나가기를 망설이고 있다면 이 글을 통해 자신에게 맞는 길을 찾는 법을 알아 두자.

자신이 좋아하는 일을 하라

오늘이 인생의 마지막 날이라면 지금까지 해 온 일을 그대로 할 것인가? 아니라고 답했다면 그 일은 당신에게 절실한 것이 아니다. 지금 당장 자신의 가슴을 뛰게 하는 일을 찾아 시작하자. 여건이 허락되지 않아도 좌절하지 말고 자신이 즐길 수 있는 일을 찾아야 한다.

ⓐ ____________________

살다 보면 일이 계획대로 되지 않아 실패할 때도 있다. 그렇지만 인생에서 중요하게 생각되어야 할 것은 실패의 여부가 아니라 실패의 극복 과정이다. 실패할까 봐 도전하지 않고 조심스럽게만 인생을 살아간다면 그런 인생 자체가 실패이다. 따라서 실패를 두려워하지 말고 자신을 믿어야 한다.

사람은 누구나 어떤 출발점에 서 있다. 그 앞에 어떤 길이 펼쳐질지 몰라도 겁내지 말고 힘차게 나아가야 한다. 짙은 안개가 낀 길에서도 방향을 잘 잡은 사람은 분명히 자신의 길을 찾을 수 있기 때문이다.

(1) ⓐ에 들어갈 단락의 제목으로 맞는 것은 무엇입니까?

① 실패를 하지 말라　　② 실패를 두려워하지 말라　　③ 인생을 조심스럽게 살라

(2) 이 글의 주제는 무엇입니까?

① 실패를 극복하는 방법은 사람마다 다르다.

② 실패가 두렵다면 진로의 방향을 바꾸어야 한다.

③ 실패를 겁내지 말고 자신이 원하는 일을 찾아야 한다.

(3) 글의 내용과 같은 것은 무엇입니까?

① 계획을 잘 세운 사람은 실패를 하지 않는다.

② 여건이 허락되지 않을 때 좋아하는 일을 하는 것은 바람직하지 않다.

③ 인생에서 중요한 것은 실패의 여부보다 실패를 어떻게 극복했는가 하는 것이다.

2. 다음은 인터넷 게시판에 올라온 채용 공고입니다. 읽고 물음에 답하세요.

이화패션 외국인 신입 사원 채용 공고

1. **채용 인원**: 00명

2. **모집 분야**: 해외 구매 및 영업

3. **자격 요건**
   - 한국어 우수자 우대, 상경 계열 전공자 우대
   - 내년 2월 학부 졸업이 예정되어 있거나 졸업한 외국인
   - 한국에서 정상적인 취업 활동이 가능한 자

4. **채용 전형**: 시류 심사 ➡ 면접 ➡ 신체검사 ➡ 최종 합격
   (채용 진행 절차별 전형 결과는 개별 통보함)

5. **접수**
   - 접수 기간: 9.1(월) ~ 9.24(수)
   - 접수 방법: 당사 홈페이지에서 온라인 지원

   ※우편, 방문, 이메일 접수 불가

   ☎ 문의처: (02) 3277-3687 이화패션 인사부 채용담당자 김수진

(주) 이화패션 인사부

(1) 이 공고를 보고 알 수 <u>없는</u> 것은 무엇입니까?

① 지원 방법　　② 합격자 발표일　　③ 채용 진행 절차

(2) 글의 내용과 같은 것은 무엇입니까?

① 한국어를 잘하면 채용에 더 유리하다

② 대학교를 졸업하기 전에는 지원할 수 없다

③ 한국에서 일한 경험이 있어야 지원할 수 있다

써 봅시다

다음은 3차 산업에 대한 설명입니다. 다음을 읽고 분류의 글을 완성하세요.

3차 산업이란?

의미: 1, 2차 산업에서 생산된 물품을 소비자에게 판매하거나 서비스를 제공하는 산업
종류: 운수업, 통신업, 서비스업(무역, 금융, 보험, 교육, 미용업, 숙박업 등)

산업의 분류

산업이란 인간이 먹고 살기 위해 일상적으로 하는 생산 활동이다. 클라크(Clark, C. G)라는 학자는 산업의 종류를 1차, 2차, 3차의 세 가지로 나누었다.

1차 산업은 토지와 바다 등의 자연 환경을 이용하여 필요한 물품을 얻거나 생산하는 산업을 말한다. 땅에서 식물을 키우는 농업, 나무를 키우고 목재를 얻는 임업, 가축을 키우는 축산업, 바다의 어업 활동과 관련 있는 수산업 등이 여기에 속한다. 1차 산업의 특징은 자연 환경의 영향을 많이 받는다는 것이다.

2차 산업은 1차 산업에서 얻은 생산물이나 천연 자원으로 인간 생활에 필요한 물건이나 에너지를 생산하는 산업이다. 이 산업에는 물건을 만드는 제조업, 건물을 짓는 건설업 등이 있다. 1차 산업에 비해 자연 환경의 영향을 적게 받으며 분업이 발달한 것이 2차 산업의 특징이다.

____

____

____

____

____

이처럼 인간의 생산 활동은 세 종류로 나뉘는데 최근에는 두뇌 활동을 중심으로 하는 정보 산업을 4차 산업으로 분류하기도 한다.

토의해 봅시다

다음은 후회 없는 진로 선택에 대한 토의의 한 부분입니다. 읽고 물음에 답하세요.

A: 제 생각에는 진로를 결정하기 전에 주변 사람들의 충고를 많이 들을수록 올바른 선택을 하기가 쉬워진다고 생각합니다. 부모님, 선생님 등 인생 선배들의 충고를 새겨듣는다면 진로 선택을 할 때 시행착오를 겪는 일이 적지 않겠어요? 그리고 지나고 보면 어른들의 말씀이 틀리지 않다는 것을 알게 됩니다. 바람직한 길을 제시해 주는 사람이 주변에 있다면 그 사람의 의견을 따라가는 것도 좋은 방법이라고 생각합니다.

B: ⓐ제 생각은 좀 다른데요. 인생을 먼저 산 사람이 꼭 옳은 길을 갔다고 할 수 있을까요? 도대체 옳은 길이라는 것은 누가 결정합니까? 진로에서 옳고 그른 길은 없다고 생각합니다. 나에게 잘 맞는 길이냐 아니냐는 있을 수 있겠지요. 그렇기 때문에 진로를 결정할 때는 스스로 주관을 가지고 결정하는 것이 가장 중요하다고 봅니다. 자신의 생각이 정리되지 않은 상태로 다른 의견을 너무 많이 들으면 생각이 흔들려 더 혼란스러워질 것이며, 주변의 의견에 너무 의존하다 보면 나에게 맞는 길을 선택하지 못할 수도 있습니다.

(1) 밑줄 친 ⓐ와 바꿔 쓸 수 **없는** 표현은 무엇입니까?

① 저는 A 씨가 옳다고 생각하는데요

② 저는 좀 다른 의견을 가지고 있는데요

③ 저는 A 씨의 의견에 동의할 수 없는데요

(2) A가 주장하고 있는 것은 무엇입니까?

① 진로 선택에서는 시행착오를 겪지 말아야 한다.

② 진로 선택 시 인생 선배들의 이야기는 우리에게 혼란을 준다.

③ 주변 사람들의 충고는 올바른 진로 선택을 하는 데 도움이 된다.

(3) 두 사람의 태도로 맞는 것은 무엇입니까?

① B는 A의 의견을 지지하고 있다.

② B는 A의 의견을 반박하고 있다.

③ A는 B의 의견에 이의를 제기하고 있다.

제 5 과 여행과 축제

어휘

1. 알맞은 것을 골라 대화를 완성하세요.

명상	심신	보존	성수기	재충전	부대시설

(1) A: 비행기 표는 샀어? 이번에 고향에 다녀온다고 했잖아.

B: 응. 사기는 했는데 지금이 여행 ____________(이)라서 표가 정말 비쌌어.

(2) A: 사라 씨는 스트레스를 어떻게 풀어요?

B: 저는 조용한 음악을 들으면서 ____________을/를 해요. 그렇게 마음을 다스리고 나면 기분이 훨씬 좋아져요.

(3) A: 요즘 제가 좋아하는 배우가 방송에 전혀 나오지 않네요.

B: 못 들었어요? 그동안 활동을 너무 많이 해서 지쳤다고 당분간 ____________의 시간을 갖겠다고 했어요. 한동안 안 나올걸요.

(4) A: 이번에 여행을 가면 어디에서 묵는 게 좋을까?

B: ____________이/가 잘 마련되어 있는 곳이 좋겠어. 지난번에 갔던 곳은 주차장도 좁고 식당이나 슈퍼도 없어서 너무 불편했잖아.

(5) A: 문화재청은 무엇을 하는 곳이야?

B: 문화재 지정, 관리, ____________ 등에 관련된 정책을 세우고 실행하는 곳이야.

(6) A: 학교에서 학생들을 위한 특별 콘서트를 준비했다면서요?

B: 네. 공부하느라 지친 학생들의 ____________을/를 달래 주려고 특별히 마련했대요.

2. 알맞은 것을 골라 대화를 완성하세요.

구애를 받다	각광을 받다	한발 앞서다

(1) A: 수진 씨는 어떤 사람이 가장 부러워요?

B: 저는 돈에 ______________________ 마음대로 사고 싶은 것을 사는 사람이 부러워요. 유학 생활을 오래 하다 보니까 돈이 항상 부족하거든요.

(2) A: 오늘 패션쇼를 봤는데 옷들이 좀 이상했어요.

B: 원래 패션쇼의 의상들은 유행을 ______________________ 가거든요. 아마 내년에는 그 패션이 유행할걸요.

(3) A: 이번에 사무실 벽에 페인트를 칠해야 하는데 어떤 게 좋을까요?

B: 요즘은 환경 친화적인 제품이 ______________________ 있어요. 냄새도 나지 않고 유해한 성분도 없거든요.

3. 알맞은 것을 골라 대화를 완성하세요.

눈에 선하다	발이 묶이다	바가지를 쓰다

(1) A: 김 선생님께서는 고향을 떠나오신 지가 벌써 60년이 넘었지요?

B: 네. 한국전쟁 때 내려왔으니까 60년이 지났네요. 그렇지만 아직도 제가 뛰어놀던 고향 마을의 모습이 ______________________. 죽기 전에 한 번만이라도 볼 수 있으면 좋을 텐데…….

(2) A: 마틴 씨, 그동안 대체 어디에 있었어요? 연락이 안 돼서 걱정했어요.

B: 죄송해요. 지난 주말에 혼자서 섬에 놀러 갔다가 갑자기 태풍이 오는 바람에 사흘 동안 ______________________ 꼼짝도 못 했어요.

(3) A: 너는 항상 물건을 싸게 사는 것 같아. 비법이 뭐야?

B: 인터넷으로 물건 가격을 비교해 본 후에 직접 가서 사면 ______________________ 않아. 너도 한번 해 봐.

준비합시다

01 -거든

1. 알맞은 것을 골라 대화를 완성하세요.

미끄럽다	합격하다	걱정되다	생각나다

(1) A: 뉴욕에 공부하러 가기로 했는데 가서 잘 지낼 수 있을지 걱정이에요.

B: 괜찮을 거예요. 혹시 지내는 동안에 한국 음식이 ____________________
'아리랑'이라는 식당을 찾아가 보세요. 한국 음식을 아주 잘해요.

(2) A: 이번 휴가에 해외로 여행을 가려고 하는데 돈 때문에 망설여져요.

B: 비용이 ____________________ 국내 여행을 생각해 보지그래요. 찾아보면 해외로 가는 것보다 더 재미있는 곳도 많을 거예요.

(3) A: 이화무역에서 면접 결과를 내일까지 알려 준다고 했는데 아직도 연락이 없어서 정말 긴장돼.

B: 너는 실력이 있으니까 꼭 붙을 거야. ____________________ 한턱내.

(4) A: 눈이 많이 오네요. 기온도 낮아서 금방 길이 얼어붙겠어요.

B: 그러게 말이에요. 학교 갔다 돌아올 때 길이 ____________________ 버스 타지 말고 꼭 지하철을 타고 오세요.

2. 알맞은 것을 찾아 연결하고 대화를 완성하세요.

조건		부탁
보기 바쁘지 않다	• ——— •	서류 정리를 좀 도와주다
(1) 전자사전을 안 쓰다	• •	① 소문을 많이 내 주다
(2) 써 보고 효과가 좋다	• •	② 한 학기만 빌려주다
(3) 팔다 남은 옷이 있다	• •	③ 고아원에 보내게 기부해 주다

보기 A: 정우 씨, 많이 바빠 보이네요. 제가 좀 도와 드릴까요?

B: 네. 바쁘지 않거든 서류 정리를 좀 도와주세요. 오늘 오후까지 다 해야 하는데 혼자서는 못 끝낼 것 같거든요.

(1) A: 이것 봐. 나 새 전자사전 샀어.

B: 그래? 그럼 예전 ______________________.
나도 하나 사고 싶은데 지금은 돈이 없거든.

(2) A: 지금 나눠 주시는 게 뭐예요?

B: 저희 브랜드에서 새로 나온 핸드크림이에요.
______________________.

(3) A: 왕단 씨, 요즘 봉사활동을 한다면서요?

B: 네. 수진 씨 가게에도 ______________________.

3. 알맞은 것을 골라 ⬭ 표 하세요.

(1) A: 다이어트를 하려고 하는데 무슨 음식을 조심해야 할까요?

B: 살을 (빼거든, 빼려거든) 음식보다도 운동에 신경 써야 해요. 매일 규칙적으로 운동을 해 보세요.

(2) A: 이번 휴가에 바다에 가고 싶은데 어디 좋은 데 없을까요?

B: 바다를 (보거든, 보고 싶거든) 안면도에 가 보는 것도 좋을 것 같아요.

(3) A: 사장님, 죄송하지만 다음 주 월요일에 휴가를 쓰고 싶습니다.

B: 요즘처럼 바쁜 시기에 꼭 휴가를 가야 해요? 꼭 (가겠거든, 가야겠거든) 지금 맡은 일을 다 마무리한 다음에 가세요.

(4) A: 영민 씨, 전화했었지요? 무슨 일이에요?

B: 별일 아니에요. 전에 읽고 싶어 하던 그 책을 아직 (안 사거든, 안 샀거든) 사지 말라고 하려고요. 제가 샀는데 다 읽었으니까 빌려 드릴게요.

02 -(으)ㄹ 겸

1. 알맞은 것을 골라 대화를 완성하세요.

다른 사람을 돕다	맛있는 것을 먹다	취업 정보를 얻다

(1) A: 지난 주말에는 뭘 했어요?

B: 아이들과 시간도 보내고 ____________________ 가까운 교외에 갔다 왔어요.

(2) A: 사회봉사 수업을 두 학기째 듣고 있군요.

B: 네. 학점도 따고 ____________________ 계속해서 듣고 있어요.

(3) A: 혹시 김 선배 전화번호 알아요? 안부도 묻고 ____________________ 한번 전화해 보려고요.

B: 네. 여기 있어요.

2. 알맞은 것을 골라 대화를 완성하세요.

목적
에너지를 아끼다 / 사진 기술을 배우다 / 새로운 사람을 만나다 / 환경을 보호하다 / 건강을 챙기다 / 몸매를 가꾸다

보기 A: 사진 동호회에 가입했다면서요?

B: 네. 사진 기술도 배울 겸 새로운 사람도 만날 겸 해서 가입했어요.

(1) A: 깨우 씨, 왜 전기 자동차를 샀어요?

B: ______________________________ 해서 샀어요.

(2) A: 사라 씨는 운동을 하루도 빠지지 않고 열심히 하네요.

B: 네. 저는 ______________________________ 해서 매일 운동하고 있어요.

03 -(으)ㄴ/는 탓

1. 알맞은 것을 찾아 연결하고 문장을 완성하세요.

원인		결과
보기 날씨가 너무 춥다	• ——— •	경기장에 관중이 별로 없다
(1) 요즘 노래가 너무 빠르다	• •	① 맞는 구두를 사기가 쉽지 않다
(2) 보통 사람보다 발이 너무 크다	• •	② 오늘 하루 종일 다리가 아프다
(3) 어제 지나치게 운동을 많이 했다	• •	③ 따라 부를 수 있는 노래가 없다

보기 날씨가 너무 추운 탓에 경기장에 관중이 별로 없다.

(1) ______________________.

(2) ______________________.

(3) ______________________.

2. 알맞은 것을 골라 대화를 완성하세요.

내	날씨	나이

(1) A: 여기 좀 봐. 화분에 있는 꽃이 모두 죽어 버렸어.

B: 앗, 내 정신 좀 봐. 물을 준다는 걸 그만 깜박 잊어버렸어. 모두 ______________.

(2) A: 김유나 선수는 왜 지난번 올림픽 경기에 나가지 못했어요?

B: 그때 유나 선수는 겨우 열다섯 살이었어요. 너무 어린 ______________ 올림픽에 나갈 수 없어서 4년을 더 기다려야 했대요.

(3) A: 우리 반 학생들 모두 감기에 걸렸어요.

B: 추운 ______________ 감기에 걸리는 사람이 계속 생기네요.

말해 봅시다

1. 다음 물음에 답하세요.

(1) 하려고 하는 일의 목적이 여러 가지일 때 어떻게 말할까요?

A: 이번 휴가에 뭐 할 거예요?
B: ______________________________.

① 친구를 만나러 미국에 가려고 해요

② 딱히 정한 곳은 없지만 떠나 보려고요

③ 바람도 쐬고 맛있는 것도 먹을 겸 여행을 가려고 해요

(2) 어떤 일을 하는 데 가장 좋은 방법을 어떻게 말할까요?

A: 부산에 가려고 하는데 뭘 타고 가는 게 좋을까요?
B: ______________________________.

① 부산에 가려거든 자동차를 빌리세요

② 부산에 가기에는 기차만 한 것이 없지요

③ 부산에 가고 싶으면 비행기를 타지그래요

(3) 조건에 맞게 조언할 때 어떻게 말할까요?

A: 내일 하루 바람 좀 쐬고 오려고 하는데 어디가 좋을까요?
B: ______________________________.

① 하루면 정말 재미있겠어요

② 하루 동안 다녀오려면 힘들겠어요

③ 하루 만에 돌아오려거든 너무 멀지 않은 곳이 좋아요

메모

2. 다음 대화를 읽고 물음에 답하세요.

수진 사라 씨, 이번 주말에 뭐 할 거예요?

사라 그동안 업무 때문에 받은 스트레스도 풀 겸 오랜만에 친구와 시간도 보낼 겸 해서 여행을 가려고 해요.

수진 특별히 가고 싶은 데가 있어요?

사라 서울을 벗어나 다른 도시를 여행하고 싶은데 어디가 좋을까요?

수진 기간은 어느 정도 생각하고 있는데요?

사라 1박 2일로 갔다 왔으면 좋겠어요.

수진 그러면 경주에 가는 것은 어때요? 역사를 느끼고 싶거든 경주에 가 보세요. 신라시대의 유적지도 구경할 수 있고, 불국사와 석굴암 같은 유명한 건축물도 감상할 수 있거든요.

사라 역사도 좋지만 이번에는 산이나 바다를 보러 가고 싶은데 어디 좋은 데 없을까요?

수진 그러면 제주도는 어때요? ⓐ ______________________. 해수욕장도 많고 한라산도 있어서 수영이나 등산을 할 수 있어요. 가서 유명한 제주도 흑돼지 구이도 드셔 보세요.

사라 그래요? 그럼 이번에는 제주도에 가 봐야겠어요. 알려 줘서 고마워요.

(1) ⓐ에 들어갈 말로 알맞지 **않은** 것은 무엇입니까?

① 산이나 바다를 보러 가기에는 제주도가 딱이에요

② 산이나 바다를 보러 가고 싶거든 제주도에 가 보세요

③ 산이나 바다를 보러 가고 싶은 사람한테 제주도만큼 좋은 곳은 많아요

(2) 수진이 경주를 추천한 이유가 **아닌** 것은 무엇입니까?

① 사찰을 구경할 수 있기 때문에 ② 역사적인 장소를 볼 수 있기 때문에

③ 사라가 역사에 대해 알고 싶어 하기 때문에

(3) 대화의 내용과 같은 것은 무엇입니까?

① 사라는 주말을 이용해 1박 2일로 경주에 다녀오려고 한다.

② 수진은 사라에게 제주도에서 할 것과 먹을 것을 추천해 주었다.

③ 사라는 회사에서 받은 스트레스를 풀기 위해 혼자 여행을 하려고 한다.

읽어 봅시다

1. 다음은 여행을 다녀와서 쓴 글입니다. 읽고 물음에 답하세요.

슬로시티에서 천천히 걸으며

이번 학기에는 유난히 많은 과제와 발표 탓에 주말에도 거의 쉬지를 못했다. 그래서 학기가 끝나면 여행도 할 겸 쉬기도 할 겸 전부터 가고 싶었던 창평 삼지내마을에 가야겠다고 생각하고 있었다. 삼지내마을은 한국에 몇 안 되는 슬로시티 중 하나이다. 슬로시티란 한마디로 급하고 빠르게 사는 현대 생활에 반대되는 곳으로 환경, 자연을 존중하고 전통 방식을 지키며 사는 곳을 말한다.

사실 삼지내마을에 도착한 후 나는 별로 한 게 없다. 그냥 마을 곳곳에 있는 옛날 집을 보고 그 집들을 따라 이어진 돌담길을 걸었을 뿐이다. 차소리, 기계 소리가 들리지 않는 정겨운 옛길을 걸으며 꽃도 보고 흙냄새도 맡았다. 포장되어 있지 않은 길을 걸어본 게 얼마 만이었는지 모르겠다. 마을을 빨리 둘러보려고 자전거를 타고 도는 관광객도 보였는데 슬로시티까지 와서 빨리빨리 구경하려고 하는 그 관광객의 모습에 피식 웃음이 났다. 조금만 더 마음을 여유롭게 가지면 좋을 텐데 하는 생각이 들어서였다.

오후 내내 시골 마을을 산책하다가 해가 질 때쯤 마을과 잘 어울리는 한옥 민박집으로 들어갔다. 아주머니가 차려 주신 저녁을 먹고 방으로 들어가 잠시 눈을 붙였는데 깨어나 보니 다음날이었다. 나도 모르게 깊은 잠이 들었었던 모양이다.

특별히 무엇을 해서 좋았다기보다는 아무것도 안 해서 즐겁고 행복한 여행이었다. 휴식이 필요한 사람들은 꼭 한번 들러서 에너지를 충전해 오면 좋겠다.

(1) 글의 서술 방식으로 맞는 것은 무엇입니까?

① 여행한 마을의 모습을 자세하게 묘사하고 있다.

② 여행에서 경험한 것과 느낀 점을 설명하고 있다.

③ 이번 여행을 지난 여행과 비교해서 설명하고 있다.

(2) 글쓴이가 삼지내마을에서 한 것이 <u>아닌</u> 것은 무엇입니까?

① 돌담길을 걸었다. ② 한옥 민박집에서 묵었다.

③ 자전거를 타고 마을을 구경했다.

(3) 글의 내용과 **다른** 것은 무엇입니까?

① 글쓴이는 학생이다.

② 글쓴이는 오랜만에 흙길을 걸어 보았다.

③ 슬로시티는 현대 기술 덕분에 편하게 사는 마을이다.

2. 다음은 여행 광고입니다. 읽고 물음에 답하세요.

KTX로 떠나는 내장산 단풍 여행

내장산의 자랑은 단풍입니다. 그래서 내장산을 가을산이라고 합니다. 내장산은 설악산에 이어 사람들이 단풍을 보기 위해 가장 많이 찾는 곳이기도 합니다. 특히 내장산 내에서도 주차장에서 내장사까지 들어가는 도로 주변의 단풍 터널은 정말 환상적입니다.

- **여행코스**: 매표소 → 내장사 → 원적암 → 원적계곡 → 사랑의 다리 → 매표소
  (약 3.6km, 1시간 30여 분 소요)

- **세부사항**
  가격: 26,000원
  출발지: 용산역
  날짜: 10월22일~11월20일까지 매일 출발(미확정)
  포함내용: 왕복 교통비, 안내자 비용, 여행자 보험
  (내장산 입장료, 케이블카 요금, 중식은 불포함)

※주의사항: 본 상품은 평년 단풍 시기를 기준으로 해서 출발 일자가 결정됩니다. 매해 기온 변화에 따라 단풍이 드는 시기가 한두 주 차이가 날 수 있으니 예약 전에 출발 날짜를 꼭 확인해 주시기 바랍니다.

(1) 이 여행 가격에 포함되어 있는 것은 무엇입니까?

① 기차 요금　　② 점심식사비　　③ 입장료

(2) 글의 내용과 **다른** 것은 무엇입니까?

① 단풍을 보러 사람들이 제일 많이 가는 산은 설악산이다.

② 이 여행은 서울에서 출발해서 도착하는 데 모두 1시간 30분이 걸린다.

③ 출발 날짜가 확정되지 않은 이유는 매년 단풍이 드는 시기가 다르기 때문이다.

써 봅시다

다음은 덕수궁의 사진입니다. 다음을 보고 여행 기고의 글을 완성하세요.

전통적인 건물:
조선 시대의 건축
형식을 따른 건물
아름답고 고풍스럽다

현대적인 건물:
외국과 교류를 시작하던
조선 말기에 지어진
서양식 건물

도심에서 만나는 역사, 북촌 한옥마을과 덕수궁

요즘 역사 여행이 각광을 받고 있어 역사를 찾아 먼 곳까지 여행을 떠나는 사람들이 많다. 그러나 굳이 서울을 떠나지 않아도 역사의 향기를 느낄 수 있는 곳이 서울 여러 곳에 있다. 북촌 한옥마을과 덕수궁이 바로 그곳이다.

먼저 북촌 한옥마을은 조선 시대에 양반들이 주로 살던 곳으로 전통 한옥이 많이 모여 있어서 한국의 한옥 문화를 살펴보기에 딱 좋은 곳이다. 길을 따라 걷다 보면 옛날의 어느 시간 속으로 빠져드는 것 같은 느낌이 들 것이다.

북촌 한옥마을에서 양반들의 모습을 볼 수 있다면 덕수궁에서는 왕의 생활을 엿볼 수 있다. 덕수궁은 조선 시대 말기에 주로 사용되었던 궁궐로서 전통적인 건물과 현대적인 건물이 조화를 이루고 있는 곳이다. ____________________

____

____

____

____

____

덕수궁과 북촌 한옥마을은 서울 한복판에서 과거를 만날 수 있다는 점에서 역사에 관심이 있지만 시간을 내기 힘든 현대인에게 아주 적당한 여행 장소이다. 덕수궁은 지하철 시청역, 북촌 한옥마을은 안국역에서 내리면 찾을 수 있다.

토의해 봅시다

다음은 축제의 장점과 단점에 대한 토의의 한 부분입니다. 읽고 물음에 답하세요.

A: 축제에 가서 일상에서는 쉽게 접하지 못하는 독특하고 색다른 경험을 할 수 있다는 것은 긍정적인 면이라고 생각합니다. 각각의 축제가 가진 특별한 행사에 참여하면서 다양한 경험을 하면 인생이 좀 더 풍요로워질 것 같습니다.

B: 축제를 통해 색다른 즐거움을 ⓐ경험할 수는 있겠지만 많은 사람들이 한자리에 모이면 안전사고가 일어날 수도 있습니다. 한 예로 지난번 벚꽃 축제에서는 사람들에게 밀려 넘어져서 여러 명이 다쳤다는 뉴스 보도가 있었습니다. 많은 사람이 한자리에 모이기 때문에 안전에 유의하지 않으면 언제든지 사고가 날 수 있습니다.

A: 맞는 말씀입니다. 안전 문제나 진행에 관련된 여러 문제에 보다 신경을 쓴다면 더 좋은 축제를 만들 수 있을 것입니다. 축제에 갔다가 사고라도 생긴다면 축제에 대해 안 좋은 기억만 남을 수 있으니까요. 그런 문제가 해결되면 축제의 긍정적인 면이 더 잘 부각될 것 같습니다.

(1) 밑줄 친 ⓐ와 바꿔 쓸 수 **없는** 표현은 무엇입니까?

① 경험할 수 있는 것은 아니지만

② 경험할 수 있다는 점은 인정하지만

③ 경험할 수 있다는 말은 맞는 말이지만

(2) A가 말하려고 하는 것은 무엇입니까?

① 축제의 긍정적인 면을 더욱 강조해야 한다.

② 축제의 부정적인 면은 고치기가 힘들어서 문제가 많다.

③ 축제의 부정적인 면을 보완한다면 더 좋은 축제를 만들 수 있다.

(3) A는 B의 의견에 대해 어떤 태도를 가지고 있습니까?

① B의 의견에 동의하고 있다.

② B의 의견을 평가하고 있다.

③ B의 의견에 반대 의견을 제시하고 있다.

제 6 과 음식과 건강

어휘

1. 알맞은 것을 골라 대화를 완성하세요.

재배	함량	성분	가공	발효	유기농

(1) A: 왜 이 지역에서 인삼이 많이 나지요?

B: 이곳의 토양과 기후가 인삼 ____________ 을/를 하기에 아주 적합한 곳이래요.

(2) A: 한국 음식의 특징은 무엇입니까?

B: 간장, 된장, 김치 같은 ____________ 음식이 발달된 것이지요.

(3) A: 멸치를 먹으면 어떤 점이 좋아요?

B: 멸치는 칼슘 ____________ 이/가 높아서 뼈를 튼튼하게 해 줘요.

(4) A: 우리나라에서는 파인애플이 안 나서 먹어 본 적이 없어요.

B: 그럼 파인애플 통조림 같은 ____________ 식품도 안 먹어 봤어요?

(5) A: 요즘 직접 채소를 키워서 먹는 사람이 늘고 있다면서요?

B: 네. 화학 비료나 농약을 쓰지 않고 키운 ____________ 채소가 몸에 좋은 건 아는데 사 먹으려면 값이 비싸니까요.

(6) A: 유키 씨, 뭘 확인하는 거예요?

B: 이 음료수에 첨가물이나 몸에 안 좋은 ____________ 이/가 들어 있지 않은지 보는 거예요.

2. 알맞은 것을 골라 대화를 완성하세요.

노릇노릇	보글보글	지글지글

(1) A: 수진 씨, 지금 김치 찌개를 끓이고 있는데 불을 언제 꺼야 돼요?

B: 찌개 국물이 ______________ 끓을 때 끄면 돼요.

(2) A: 엄마, 제가 전을 부치기는 했는데 좀 탔어요.

B: 이게 조금 탄 거니? 약한 불에 ______________ 부치라고 했더니 새까만 숯덩이를 만들어 놓았네.

(3) A: 비가 오니까 파전 생각나네. 우리 파전 먹으러 갈까?

B: 아니 왜? 비랑 무슨 상관인데?

A: 파전 부칠 때 나는 ______________ 소리가 빗소리랑 비슷하잖아.

3. 알맞은 것을 골라 대화를 완성하세요.

입이 짧다	군침이 돌다	간에 기별도 안 가다

(1) A: 아, 잘 먹었다. 난 이제 그만 먹을래.

B: 뭐야, 그거밖에 안 먹어? 그만큼 먹어서는 ______________ 것 같은데.

(2) A: 우리 아들은 안 먹는 게 많아서 걱정이에요.

B: 내버려 두세요. 우리 아들도 정말 ______________ 군대 갔다 오더니 못 먹는 게 없어요.

(3) A: 와, 이거 무슨 냄새죠? 어느 집에서 삼겹살 굽나 봐요.

B: 아, 맛있겠어요. 냄새만 맡아도 ______________.

준비합시다

01 -(으)ㄴ/는 셈이다

1. 알맞은 것을 골라 대화를 완성하세요.

쓰다	막다	읽다	그렇다	지내다	성공하다

(1) A: 올가 씨 남편은 부산에서 살아요?

B: 네. 남편 직장이 거기에 있어서 금, 토, 일요일에만 서울에 와요. 한 달의 반을 서로 떨어져서 ________________.

(2) A: 요즘 이 책이 베스트셀러라고 해서 샀어요. 이거 읽어 봤어요?

B: 아, 그거요. 내용이 뻔해서 앞부분만 읽어도 다 ________________ 하던데요.

(3) A: 요즘 도시마다 대형 마트가 생겨서 동네 구멍가게나 슈퍼마켓의 매출이 줄고 있대요. 게다가 앞으로 이런 현상은 한동안 계속될 거래요.

B: 결국 대형 마트가 동네 작은 가게들의 영업을 ________________.

(4) A: 보고서는 끝나가요?

B: 총 열 장을 채워야 하는데 지금까지 여덟 장은 썼어요. 결론을 쓰고 마무리해야죠.

A: 그 정도면 거의 다 ________________. 조금만 더 고생하세요.

(5) A: 인생에서 성공이란 뭐라고 생각하세요?

B: 살면서 내 편을 들어 줄 친구가 한 명이라도 있다면 그 인생은 ________________ 말이 있던데 저도 그 말에 동의해요.

(6) A: 대학 때도 이 지역에서 사셨고 지금 직장도 이 근처에서 다니시니 이 지역에 대해서는 모르는 게 없으시겠어요.

B: ________________. 이 주변 맛집에 대해 알고 싶으시면 얘기하세요.

02 -듯이

1. 알맞은 것을 골라 대화를 완성하세요.

있다	다르다	변하다

(1) A: 단점이 없는 사람이 있다고 생각하세요?

B: 아니요. 사람은 누구나 장점이 ____________ 단점도 있지요.

(2) A: 해외에서 생활하는 동안 어떤 점이 어려웠어요?

B: 사람들의 생김새가 각각 ____________ 사람들의 생각도 다양하더군요. 사람들의 생각을 이해하는 것이 참 어려웠어요.

(3) A: 10년 전과 지금은 사람들의 가치관이 많이 바뀐 것 같지 않아요?

B: 그러게 말이에요. 세월이 지나면 사람들의 모습이 ____________ 가치관도 달라지는 모양이에요.

2. 알맞은 것을 골라 ◯ 표 하세요.

(1) A: 직장에서도 마음이 맞는 친구를 사귈 수 있겠지?

B: 그럼. 아이들이 학교에 가서 새로운 친구를 (만났듯이, 만나듯이) 우리도 취직을 하면 새로운 사람들을 만나지. 그 중에 마음 맞는 사람도 있을 거라고 생각해.

(2) A: 제가 선물을 받고 고맙다고 말하지 않아서 남자 친구가 화가 났어요.

B: 불만도 말하지 않으면 (몰랐듯이, 모르듯이) 고마움도 표현하지 않으면 잘 몰라요.

(3) A: 요즘 사람들은 새로운 소식을 어떻게 듣지요?

B: 과거에는 신문을 읽고 새로운 소식을 (알았듯이, 알듯이) 요즘 사람들은 인터넷을 보면서 새로운 소식을 접해요.

(4) A: 건강에 좋은 음식은 우리 주변에서도 찾을 수 있나요?

B: 네, 앞에서 (말했듯이, 말하듯이) 건강에 좋은 음식은 우리 주변에 많이 있습니다.

3. 알맞은 것을 골라 대화를 완성하세요.

물 쓰듯이 돈을 쓰다	불 보듯이 뻔하다	비 오듯이 땀이 나다
제 집 드나들듯이 하다	이 잡듯이 찾다	거짓말을 밥 먹듯이 하다

(1) A: 열쇠 잃어버렸다고 하더니 찾았어요?

B: 아니요. 아직 못 찾았어요. 집안 구석구석을 ____________ 안 나오네요. 다른 곳에서 잃어버렸나 봐요.

(2) A: 유나 씨, 저 분도 우리 회사에서 일하게 됐어요?

B: 아니요. 그냥 거래처 직원인데 왜요?

A: 우리 사무실을 ____________ 우리 회사 직원인 줄 알았어요.

(3) A: 민수 씨가 한 말이 진짜예요? 말의 앞뒤가 안 맞아서 믿을 수가 없어요.

B: 민수 씨는 ____________ 사람이니까 민수 씨가 하는 말을 다 믿지는 마세요. 그리고 속지 않도록 조심하는 게 좋아요.

(4) A: 언니, 이것 봐. 나 전화기 새로 샀어.

B: 또 새로 샀다고? 그렇게 ____________ 저축은 언제 할래? 정말 걱정된다.

(5) A: 집에 에어컨이 꼭 필요해? 지금까지 없어도 잘 지냈잖아.

B: 잘 지내기는. 여름에는 청소하느라 조금만 움직여도 ____________ 정말 힘들어.

(6) A: 정우 씨, 이 보고서가 다 완성된 것 맞아요?

B: 네, 그런데요.

A: 내용을 좀 더 보충해야겠어요. 이렇게 완성도가 떨어지는 상태로 내면 부장님께서 화내실 게 ____________.

03 -고도

1. 알맞은 것을 골라 대화를 완성하세요.

보다	찾다	달리다	사귀다	새우다	일어나다

(1) A: 민수 씨는 춤추는 것을 굉장히 좋아하는 모양이지요? 어제도 집에 안 들어왔다면서요?

B: 네. 어제 클럽에서 밤을 ________________ 오늘 또 클럽에 갈 거래요.

(2) A: 수진 씨가 남자 친구와 헤어졌어요? 10년이나 만났으니까 올해쯤에는 결혼할 줄 알았어요.

B: 10년을 ________________ 알 수 없는 것이 사람 마음인 것 같아요. 남자 친구가 이유도 잘 설명하지 않고 헤어지자고 했대요.

(3) A: 누나, 나는 너무 졸려서 좀 자고 나서 공부해야겠어.

B: 내일도 시험인데 잔다고? 오늘 시험을 그렇게 못 ________________ 너는 잠이 오니?

(4) A: 발표 자료는 다 만들었어요?

B: 아니요. 자료에 넣을 사진을 많이 ________________ 정리할 시간이 모자라서 완성하지 못했어요.

(5) A: 젊었을 때 마라톤 선수셨죠? 그때 체력이 정말 좋으셨다면서요?

B: 네. 한창 운동할 때는 하루 종일 ________________ 지치지 않았었죠.

(6) A: 오늘은 일이 잘 안 풀리는 날인 것 같아요. 새벽 6시에 눈 뜨자마자 나왔는데 지하철을 반대 방향으로 타는 바람에 지각했어요.

B: 그렇게 일찍 ________________ 지각했으니 정말 억울했겠네요.

말해 봅시다

1. 다음 물음에 답하세요.

(1) 현재의 건강 상태에 대한 원인을 어떻게 말할까요?

A: 요즘 왜 이렇게 자주 체하고 소화가 안 되는지 모르겠어요.
B: ______________________________.

① 스트레스를 받아서 그럴 거예요
② 스트레스를 안 받는 편인가 봐요
③ 스트레스를 받지 않는 게 좋겠어요

(2) 한국처럼 다른 나라에도 비슷한 것이 있다는 것을 어떻게 말할까요?

A: 유키 씨 나라에도 기운이 없을 때 특별히 먹는 음식이 있어요?
B: 네. ______________________________.

① 한국 사람들이 삼계탕을 먹듯이 일본 사람들은 장어를 먹어요
② 한국 사람들이 삼계탕을 먹으니까 일본 사람들은 장어를 먹어요
③ 한국 사람들이 삼계탕을 먹는 반면에 일본 사람들은 장어를 먹어요

(3) 따져 본 후 나온 결과를 어떻게 말할까요?

A: 삼계탕을 얼마나 자주 먹어요?
B: 여름철에 매달 한 번씩은 먹으니까 ______________________________.

① 일 년에 세 번은 먹어야 해요
② 일 년에 세 번은 먹는 셈이에요
③ 일 년에 최소한 세 번은 먹으려고요

메모

2. 다음 대화를 읽고 물음에 답하세요.

깨우	수진 씨, 저 요즘 왜 이렇게 몸이 나른하고 입맛이 없는지 모르겠어요.
수진	봄이 돼서 그럴 거예요.
깨우	그럴까요? 이럴 때는 어떻게 하면 좋을까요?
수진	입맛이 없을 때 굶지 말고 그럴 때일수록 입맛을 돋워 주는 음식을 찾아 드세요.
깨우	입맛을 돋워 주는 음식요?
수진	네. 음식을 먹고 싶은 마음이 생기게 만드는 음식이에요. 한국 사람들은 봄에 ⓐ________________ 신선한 채소에 새콤달콤한 양념을 해서 먹거나 매콤한 음식을 먹어요.
깨우	아, 그렇군요. 그런 음식으로는 어떤 것이 있어요?
수진	지금 생각나는 건 새싹 비빔밥인데 깨우 씨도 먹어 봐요. 비빔밥에 나물을 넣듯이 새싹 비빔밥에는 새싹을 넣어요.
깨우	그래요? 맛은 어때요? 보통 비빔밥과 맛이 달라요?
수진	아니요. 별로 다르지는 않아요. 그런데 채소를 생으로 넣으니까 아삭아삭하고 신선한 느낌이 더 들어요. 매콤한 고추장 양념을 넣고 비벼서 먹으면 돼요.
깨우	맛있겠네요. 말만 들어도 벌써부터 군침이 도네요.

(1) ⓐ에 들어갈 말로 알맞지 **않은** 것은 무엇입니까?

① 식욕이 없을 때　　② 자꾸 입맛이 당길 때

③ 아무것도 먹고 싶지 않을 때

(2) 추천한 음식에 대한 설명으로 맞는 것은 무엇입니까?

① 나물을 넣은 비빔밥이다.　　② 익히지 않은 채소를 넣는다.

③ 고추장을 넣어서 짭짤한 맛이다.

(3) 대화의 내용과 **다른** 것은 무엇입니까?

① 깨우는 새싹 비빔밥을 먹어본 적이 없다.

② 수진이 깨우에게 추천한 음식은 새콤달콤한 음식이다.

③ 수진은 몸이 나른하고 입맛이 없는 것이 계절 탓이라고 생각한다.

읽어 봅시다

1. 다음은 두 음식을 비교한 글입니다. 읽고 물음에 답하세요.

삼계탕과 닭고기 수프

[A] 나라마다 전통적으로 전해 내려오는 음식에는 그 나라의 기후와 특징, 그 나라 사람들의 생활 습관이 반영되어 있다. 따라서 같은 재료로 요리해도 나라마다 맛이 전혀 다른 음식이 만들어지기도 한다.

[B] 닭으로 만든 음식을 예로 들어 보자. 한국의 대표적인 보양식인 삼계탕은 닭 한 마리를 통째로 넣고 끓여 만든 음식이다. 이때 인삼, 대추, 생강, 마늘 등 몸에 약이 되는 재료를 함께 넣어 끓인다. 닭을 푹 끓여 국물을 만들어 내야 하기 때문에 시간이 오래 걸린다. 한국에서는 뜨거운 삼계탕을 한 해 중 가장 더운 시기에 먹는다. 더운 열기에 땀을 많이 흘려 지쳤을 때 뜨거운 음식을 먹어 이열치열로 이겨 내기 위한 것이다.

[C] 한국에 삼계탕이 있듯이 미국에도 닭으로 만든 음식이 있다. 바로 닭고기 수프이다. 닭 한 마리를 넣고 끓여 국물을 만들어 내는 점이 삼계탕과 비슷하다. 그러나 닭고기 수프를 만들 때는 닭고기와 대파, 양파, 샐러리를 볶은 다음 끓여 놓은 국물을 붓는다는 점이 다르다. 미국인들은 이 음식을 날씨가 쌀쌀할 때 먹는다. 특히 감기에 걸려 식욕을 잃고 잘 먹지 못할 때 이 수프를 찾는 사람이 많다.

[D] 이렇게 삼계탕과 닭고기 수프처럼 같은 재료를 이용해도 각 나라의 문화와 특징이 담겨 다른 맛, 다른 모습의 음식이 만들어진다.

(1) 이 글에 대한 설명으로 맞는 것은 무엇입니까?

① [A] 는 비교할 음식을 간단히 소개하고 있다.

② [B] 와 [C] 는 음식의 특징을 자세히 설명하고 있다.

③ [D] 는 두 음식에서 공통점이 나타나는 이유를 정리하고 있다.

(2) 이 글에서 말한 두 음식의 공통점은 무엇입니까?

① 주재료를 끓여서 국물을 만든다.

② 닭 이외에 들어가는 재료가 같다.

③ 각 요리를 주로 해 먹는 계절이 같다.

(3) 이 글의 내용과 같은 것은 무엇입니까?

① 삼계탕은 만드는 시간이 오래 걸린다.

② 닭고기 수프는 처음부터 닭고기와 채소를 함께 넣어 끓인다.

③ 땀을 식히기 위해 차가운 음식을 먹는 것을 이열치열이라고 한다.

2. 다음은 안내서에 실린 식당 정보입니다. 읽고 물음에 답하세요.

뜰이 있는 집

100년 이상 된 고택에서
즐기는 한국 음식

전화번호 02-3277-3686
주소 서울시 종로구 가회동 ○○번지
휴무일 설, 추석 당일
영업시간 오전 11시~오후 10시 30분
인기 메뉴 떡갈비 정식 15,000원
만두전골 25,000원
주차 가능
평가 맛 ★★★★☆
서비스 ★★★★☆
분위기 ★★★★★

상세 설명

100년 이상 된 한옥을 개조해 만든 한식집으로 아름다운 뜰을 바라보며 식사를 할 수 있는 곳이다. 아늑한 실내 분위기 속에서 정갈하게 나오는 음식을 맛볼 수 있다. 직접 손으로 만든 만두가 맛있기로 유명하다. 만두전골과 떡갈비 정식이 특히 인기가 있다.

(1) 이 글을 쓴 목적이 무엇입니까?

① 식당을 소개하기 위해서

② 식당의 음식을 평가하기 위해서

③ 식당의 문제점을 말하기 위해서

(2) 이 식당의 특징으로 맞지 **않는** 것은 무엇입니까?

① 분위기에 대한 평가가 가장 좋다.

② 명절 당일에는 영업을 하지 않는다.

③ 100년 된 한옥을 그대로 사용하고 있다.

써 봅시다

다음은 솥뚜껑 삼겹살에 대한 설명입니다. 다음을 읽고 맛집 탐방의 글을 완성하세요.

음식의 모습: 지글지글 구워지다
솥뚜껑 불판의 특징: 기름을 아래로 흐르게 하다
음식의 맛과 느낌: 기름기가 없다, 바삭바삭하다

담백한 삼겹살을 찾아서

한국 음식 중에 좋아하는 음식이 뭐냐고 물으면 나는 주저 없이 삼겹살이라고 대답한다. 그래서 맛있는 삼겹살이 있으면 어디든지 달려간다. 어느 날 우리 동네에 맛있는 삼겹살집이 생겼다고 해서 친구와 함께 찾아가 봤다.

그곳은 바로 신촌 기차역 근처에 위치한 '돼지꿈'이다. 신촌 기차역 삼거리에서 경찰서 방향으로 내려가다 보니 동그란 탁자 몇 개가 밖으로 나와 있는 음식점이 보였다. 한눈에 삼겹살집이라는 것을 알 수 있었다. 문을 밀고 안으로 들어갔더니 작은 탁자에 사람들이 둘러앉아 삼겹살을 구워 먹고 있었다. 어느 삼겹살집에서나 느낄 수 있듯이 그곳에서도 시끌벅적하고 정다운 분위기를 느낄 수 있었다. 탁자 위에는 솥뚜껑이 하나씩 놓여 있었는데 그 위에 고기를 굽는 모양이었다.

실컷 먹은 후 우리는 든든해진 배를 두드리며 삼겹살집을 나왔다. 맛도 좋고 분위기도 좋은 음식점이 동네에 생겨서 아무 때나 부담 없이 갈 수 있다는 점이 참 좋다.

토의해 봅시다

다음은 건강에 좋은 음식에 대한 토의의 한 부분입니다. 읽고 물음에 답하세요.

A: 음식은 우리의 몸에 약이 되기도 하고 독이 되기도 하지요. 그렇기 때문에 어떤 음식이 우리의 건강에 좋은 음식인지 잘 알고 찾아 먹어야 한다고 생각합니다. 저는 건강에 좋은 음식이라고 하면 뭐니 뭐니 해도 제철 음식만한 것이 없는 것 같습니다. 제철 음식은 냉동시키거나 통조림으로 만들어서 저장할 필요 없이 그대로 먹을 수 있어 가장 신선합니다. 맛도 좋고요.

B: ⓐ저도 그렇게 생각합니다. 그 계절에 나는 채소와 과일, 또는 해산물은 신선할 뿐만 아니라 영양소도 풍부해서 우리 몸에 아주 좋습니다. 각 계절에 따른 습도와 기온, 일조량의 차이 등은 살아 있는 모든 것들에 영향을 끼칩니다. 한 예로 겨울이 제철인 굴은 제철에 먹을 경우 마그네슘과 타우린 성분을 많이 함유하고 있어 건강에 좋으나, 여름에는 독성이 있어 가능하면 피하는 것이 좋다고 하더군요. 굴 외의 다른 채소와 과일에도 자연적 조건이 미치는 영향은 역시 마찬가지일 거라고 생각합니다.

(1) ⓐ와 바꿔 쓸 수 없는 표현은 무엇입니까?

① 그 의견에 동의합니다

② 저도 같은 생각인데요

③ 저는 좀 다른 의견인데요

(2) A가 말하려고 하는 것은 무엇입니까?

① 제철 음식은 가공을 해야 먹을 수 있다.

② 제철 음식은 가공해도 맛이 변하지 않는다.

③ 제철 음식은 신선해서 건강에 좋은 음식이다.

(3) 두 사람이 자신의 의견을 제시하는 방법은 무엇입니까?

① B는 예를 들어 자신의 의견을 뒷받침하고 있다.

② B는 뉴스를 인용해서 상대방의 의견을 반박하고 있다.

③ A는 다양한 자료를 근거로 자신의 의견을 보완하고 있다.

제 7 과 명절과 기념일

어휘

1. 알맞은 것을 골라 대화를 완성하세요.

벌이다	유래되다	수확하다	풍성하다	중시하다	북적이다

(1) A: 저기 좀 보세요. 벼가 익어서 들판이 황금색으로 변했어요.

B: 와! 정말 아름다워요. 곧 추석이니까 ________________ 때가 다 된 것 같아요.

(2) A: 한국 사람들은 함께 모이는 것을 참 좋아하는 것 같아요. 이런저런 모임도 많고요.

B: 그건 한국 사람들이 인맥을 ________________ 때문인 것 같아요.

(3) A: 연말연시를 어떻게 보낼지 고민 중이에요. 뭐 재미있는 일 없을까요?

B: 대학로에 가 보세요. 각종 이벤트와 공연이 많아서 볼거리가 ________________.

(4) A: 한국에서는 60번째 생일이 아주 특별하다고 들었는데 그날을 어떻게 보내요?

B: 옛날에는 손님들을 많이 초대해서 잔치를 크게 ________________ 요즘은 그냥 가족끼리 보내는 경우가 많아요.

(5) A: 악수는 언제부터 왜 하기 시작한 거예요?

B: 악수는 중세 시대에 무기를 사용하는 오른손을 내밀어 상대방을 공격할 의사가 없음을 알렸던 것에서 ________________ 해요.

(6) A: 휴가는 잘 다녀왔어요? 해변에서 수영도 하고 정말 즐거웠겠어요.

B: 말도 마세요. 휴가 온 사람들로 해변이 너무 ________________ 제대로 놀지도 못하고 왔어요. 다음부터 휴가철은 피해서 가야겠어요.

2. ________에 공통으로 들어갈 단어를 고르세요.

(1)
- 유키와 나는 자매처럼 ________ 사이이다.
- 명절날 아침에는 온 가족이 모여 조상에게 차례를 ________.
- 그는 전에 서울 시장을 ________ 은퇴한 후에 고향에서 글을 쓰고 있다.

① 알다　② 지내다　③ 보내다

(2)
- 그 회사는 월급이 너무 ________ 직원들의 불만이 많다.
- 해마다 겨울이 되면 어머니가 털실로 스웨터를 ________.
- 어떤 일을 할 때는 사전에 계획을 잘 ________ 실수가 없다.

① 짜다　② 세우다　③ 만들다

3. 알맞은 것을 골라 대화를 완성하세요.

녹초가 되다　손이 모자라다　손꼽아 기다리다

(1) A: 새로 들어간 회사는 어때요? 일은 할 만해요?

B: 아니요. 아직 서툴러서 배울 게 너무 많아요. 그래서 매일 밤 ________ 퇴근해요.

(2) A: 민수 씨는 휴가가 언제예요?

B: 이번주 금요일부터 휴가예요. 지난 휴가 때도 쉬지 못해서 이 날이 오기만을 얼마나 ________ 몰라요.

(3) A: 크리스마스가 다가오면 선물을 사려는 사람들로 백화점이 많이 붐비겠어요.

B: 네. 그래서 백화점마다 ________ 미리 그날 일할 사람들을 많이 뽑아 둔대요.

준비합시다

01 -(으)ㄴ/는가 하면

1. 알맞은 것을 골라 대화를 완성하세요.

듣다	좋다	힘들다	만들다	걸리다	뛰어나다

(1) A: 민수 씨의 기분을 맞춰 주기가 너무 힘든 것 같아요.

B: 왜요? 민수 씨가 어떤데요?

A: 어떤 날은 기분이 ________________ 어떤 날은 기분이 나빠서 말도 안 하거든요.

(2) A: 요즘 여행 업계도 경쟁이 치열한가 봐요.

B: 네. 그래서 여행객을 유치하기 위해 다양한 체험 프로그램을 ________________ 홍보하는 데도 많은 돈을 들이고 있대요.

(3) A: 사람들이 서로 친해지기까지 시간이 보통 얼마나 필요하다고 생각해요?

B: 글쎄요. 어떤 사람은 서로 친해지는 데 몇 년이 ________________ 어떤 사람은 만난 지 얼마 되지 않았어도 금방 친해지잖아요. 그건 사람마다 다른 것 같아요.

(4) A: 모델이 되려면 키와 외모가 중요하겠지요?

B: 아니에요. 패션쇼를 보면 어떤 모델은 키도 크고 외모도 ________________ 키가 작거나 외모가 별로인 모델도 있잖아요. 키보다는 개성이 중요한 것 같아요.

(5) A: 첫 수업 어땠어요? 학생들이 열심히 공부를 하던가요?

B: 글쎄요. 어떤 학생은 집중해서 수업을 잘 ________________ 딴생각을 하거나 조는 학생도 있더군요.

(6) A: 요즘 뮤지컬의 인기가 높아지고 있다던데 정말 그래요?

B: 꼭 그렇지도 않아요. 어떤 뮤지컬은 인기가 많아서 표 구하기도 ________________ 어떤 뮤지컬은 관객이 없어서 금방 막을 내리기도 해요.

2. 알맞은 것을 골라 ◯ 표 하세요.

(1) A: 손님들이 모두 시간 맞춰 왔어요?

B: 아니요. 어떤 손님은 제시간에 (도착하는가 하면, 도착했는가 하면) 어떤 손님은 1시간 이상 늦었어요.

(2) A: 민수 씨가 이번에 회사를 그만둔다면서요? 다른 직원들도 이 소식을 알아요?

B: 어떤 직원들은 (아는가 하면, 알았는가 하면) 어떤 직원들은 아직 몰라요. 민수 씨가 이야기할 때까지 말하지 마세요.

(3) A: 반 친구들하고 한라산에는 잘 다녀왔어요? 산 정상까지 모두 다 올라갔어요?

B: 아니요. 어떤 사람은 꼭대기까지 잘 (올라가는가 하면, 올라갔는가 하면) 어떤 사람은 중간에 포기하고 그냥 내려왔어요.

02 -고자

1. 알맞은 것을 찾아 연결하고 문장을 완성하세요.

목적	한 일
보기 가뭄을 극복하다 •	• 물 아껴 쓰기 운동을 벌이다
(1) 신입 사원을 채용하다 •	• ① 취업 정보 사이트를 만들다
(2) 우수한 학생을 유치하다 •	• ② 장학금과 생활비를 제공하다
(3) 취업 준비생들에게 정보를 제공하다 •	• ③ 홈페이지에 모집 공고를 내다

보기 가뭄을 극복하고자 물 아껴 쓰기 운동을 벌였다.

(1) ______________________________.

(2) ______________________________.

(3) ______________________________.

2. 알맞은 것을 골라 대화를 완성하세요.

돕다	성공하다	극복하다	향상시키다

(1) A: 민호 씨는 어떤 사람이에요?

B: 민호 씨는 ______________ 항상 노력하는 사람이에요. 그래서 항상 자기 계발에 힘쓰고 있어요.

(2) A: 요즘 한국어 공부는 어떻게 하고 계십니까?

B: 저는 말하기 능력을 ______________ 시간이 날 때마다 한국인 친구와 만나서 한국어로 이야기하고 있습니다.

(3) A: 회장님께서 이렇게 성공하신 비결은 무엇입니까?

B: 저는 과거에 크게 실패한 경험이 있습니다. 그때 실패를 ______________ 안 해 본 일이 없습니다. 그런 노력들이 지금 저를 이 자리에 있게 한 것 같습니다.

(4) A: 오페라를 보러 가기로 했는데 외국어로 되어 있으니까 무슨 말인지 알아들을 수가 없을까 봐 걱정이에요.

B: 요즘은 관객들의 이해를 ______________ 공연장 내에 자막 스크린도 준비되어 있다고 하니까 너무 걱정하지 마세요.

3. 알맞은 것을 골라 대화를 완성하세요.

이루다	응시하다	시작하다	말씀드리다

(1) 꿈을 ______________ 사람은 실패를 두려워해서는 안 됩니다.

(2) 오늘은 여러분에게 건강의 중요성에 대해서 ______________.

(3) 지금부터 회의를 ______________. 모두 자리에 앉아 주십시오.

(4) 한국어능력시험에 ______________ 학생은 기한 내에 인터넷으로 신청하시기 바랍니다.

03 -기 마련이다

1. 알맞은 것을 찾아 연결하고 문장을 완성하세요.

상황	당연한 일
보기 죄를 짓다	양심의 가책을 느끼다
(1) 과식을 하다	① 금방 닳다
(2) 한 물건만 계속 쓰다	② 후회가 따르다
(3) 너무 오랫동안 망설이다	③ 소화가 안 되다
(4) 성급하게 유학을 결정하다	④ 건강이 나빠지다
(5) 밤에 음악을 크게 틀어 놓다	⑤ 좋은 기회를 놓치다
(6) 불규칙적인 생활을 몇 개월 동안 계속 하다	⑥ 부모님이 거는 기대가 크다
(7) 지금까지 학교에서 일등을 한 번도 놓친 적이 없다	⑦ 옆집에서 시끄럽다고 항의가 들어오다

보기 죄를 지으면 양심의 가책을 느끼기 마련이다.

(1) ______________________.

(2) ______________________.

(3) ______________________.

(4) ______________________.

(5) ______________________.

(6) ______________________.

(7) ______________________.

말해 봅시다

1. 다음 물음에 답하세요.

(1) 새해를 맞이하는 방법이 여러 가지임을 어떻게 말할까요?

A: 한국 사람들은 새해를 어떻게 맞이해요?
B: 사람마다 달라요. ____________________.

① 그렇지만 새해맞이 행사에 참여하는 사람들이 대부분이에요
② 새해맞이 행사에 참여하는 사람이 있기는 하지만 많지는 않아요
③ 어떤 사람은 집에서 조용히 보내는가 하면 어떤 사람은 행사에 참여해요

(2) 어떤 일에 참여하는 사람이 많을 때 어떻게 말할까요?

A: 내일 열리는 행사는 볼거리가 많아서 사람들이 많이 오겠군요.
B: 네, 아마 ____________________.

① 사람들이 다 와도 한산할 거예요
② 발 디딜 틈도 없이 북적일 거예요
③ 사람들이 썰물처럼 빠져나갈 거예요

(3) 어떤 것에 대해 듣고 관심이 생겼을 때 어떻게 말할까요?

A: 불꽃놀이 축제 안 갈래요? 정말 화려하고 아름답대요.
B: 그래요? 지금까지 별로 관심이 없었는데 ____________________.

① 불꽃놀이 축제는 제 관심 밖이에요
② 그렇게까지 재미가 있을지 모르겠네요
③ 그 말을 들으니까 귀가 솔깃해지는데요

메모

2. 다음 대화를 읽고 물음에 답하세요.

사라 수진 씨, 다음 주면 새해인데 한국 사람들은 새해를 어떻게 맞이해요?
수진 집에서 가족들과 함께 조용히 보내는 사람이 있는가 하면 새해맞이 행사에 참여하는 사람도 있어요.
사라 새해맞이 행사요? 한국에서는 무슨 행사를 하는데요?
수진 여러 가지가 있는데 그 중에서 해맞이 행사에 사람들이 많이 참여해요.
사라 그래요? 해맞이 행사는 뭔데요?
수진 새해 아침에 산이나 바다에서 첫 해돋이를 보는 행사예요. 새로운 마음으로 새해를 맞이하고자 사람들이 많이 모여요. 조금 춥기는 하지만 공기도 상쾌하고 아침에 해가 떠오르는 모습이 아주 장관이에요.
사라 와! 그럼 사람들이 정말 많이 모이겠군요.
수진 네, 아마 올해도 ⓐ인산인해를 이룰 거예요.
사라 그렇군요. 수진 씨의 말을 들으니까 해맞이 행사에 마음이 끌려요. 그럼 수진 씨도 이번에 해맞이 행사에 갈 거예요?
수진 물론이지요. 사라 씨도 같이 갈래요?
사라 좋아요. 꼭 가 보고 싶어요.

(1) ⓐ와 바꿔 쓸 수 있는 것은 무엇입니까?

① 사람이 산이 되고 바다가 될 거예요 ② 사람이 셀 수 없을 만큼 많이 모일 거예요
③ 보통 산과 바다에 사람들이 많이 갈 거예요

(2) 해맞이 행사에 대한 설명으로 맞지 **않는** 것은 무엇입니까?

① 일출이 아주 아름다워서 볼 만하다. ② 새해 첫날 해가 지는 것을 보는 행사이다.
③ 새 마음으로 새해를 맞이하기 위해서 사람들이 참여한다.

(3) 대화의 내용과 같은 것은 무엇입니까?

① 두 사람은 각자 따로따로 새해를 맞이할 것이다.
② 새해를 맞이하기 위해서는 산이나 바다에 가야 한다.
③ 사라는 수진의 말을 듣고 해맞이 행사에 관심이 생겼다.

읽어 봅시다

1. 다음은 명절 신풍속도에 대한 글입니다. 읽고 물음에 답하세요.

명절 신풍속도 '명절 여행'

한국인들은 해마다 명절이 되면 온 가족이 함께 모여 차례를 지내고 성묘를 했다. 그러나 최근에는 가족, 친척과 함께 명절을 보내고자 고향에 가는 사람들이 있는가 하면 좀 더 색다르게 명절을 보내려는 사람들도 적지 않다. 명절 신풍속 중에서 최근 눈에 띄게 늘고 있는 것이 '명절 여행'이다.

최성진(회사원, 45) 씨는 "그동안 회사 일로 바빠서 가족과 여행도 한 번 못 갔는데 이번 추석에는 아침에 일찍 차례를 지내고 가족과 함께 가까운 일본으로 여행을 떠날 생각이다. 좋은 추억을 많이 만들었으면 좋겠다."고 말했다. 또 박수진(회사원, 32) 씨는 "직장인들은 길게 휴가를 내기 힘든데 명절 연휴에는 최장 10일까지 휴가를 낼 수 있어서 좋다."며 "이번 연휴에는 평소 가고 싶었던 외국의 유명 휴양지에 갈 예정인데 기대가 된다."고 말했다.

그러나 김준호(자영업, 56) 씨는 "명절 때 친척 집을 방문하거나 고향에서 머물던 풍습이 점점 사라지고 있는 것 같다. 명절 때가 아니면 친척들 얼굴 보기도 힘든데 연휴가 길다고 여행을 떠나는 모습은 다소 아쉽다."며 명절 여행에 대해 부정적인 반응을 보였다.

한편 해외여행으로 많이 찾는 곳은 동남아시아가 1위를 차지했으며 일본, 중국, 유럽, 미국 순으로 나타났다. 그리고 멀리 해외로 떠나는 대신 집에서 가까운 호텔이나 리조트에서 휴식을 즐기는 사람들도 많은 것으로 나타났다.

(1) 글을 쓴 목적은 무엇입니까?

① 명절의 모습이 변화된 원인을 밝히기 위해

② 명절을 즐겁게 보내는 방법을 알려주기 위해

③ 명절에 새롭게 나타난 현상에 대해 소개하기 위해

(2) 명절 여행에 대한 인터뷰 내용으로 맞지 <u>않는</u> 것은 무엇입니까?

① 박수진: 명절 연휴에 긴 휴가를 떠날 수 있어서 좋다.

② 김준호: 명절을 친척들과 함께 보내지 않는 모습이 아쉽다.

③ 최성진: 그동안 회사 일이 많아서 명절을 가족들과 보내지 못했다.

(3) 글의 내용과 같은 것은 무엇입니까?

① 명절에 국내 여행을 가는 사람은 거의 없다.

② 명절을 특색 있게 보내려고 하는 사람들이 많다.

③ 인터뷰한 사람들은 명절 여행에 대해 긍정적으로 생각한다.

2. 다음은 외국인 한글 글짓기 대회에 대한 공고입니다. 읽고 물음에 답하세요.

외국인 한글 글짓기 대회에 참가하세요.

이화여자대학교에서는 10월 9일 한글날을 맞이하여 한글의 우수성을 널리 알리고 한글 학습의 동기를 부여하고자 외국인 한글 글짓기 대회를 개최합니다.

한국 거주 외국인이면 누구나 참가할 수 있으며, 9월 30일까지 참가자를 모집합니다. 참가 신청은 학교 홈페이지에서 신청서를 내려받아 작성한 후 방문 또는 팩스, 이메일로 접수하면 됩니다.

글짓기 대회는 수필 부문과 시 부문으로 나눠 진행하며 주제는 행사 당일 발표합니다. 두 가지 주제 중 하나를 선택하여 글을 쓰면 됩니다. 행사 당일 필기 도구와 종이, 점심 도시락이 제공됩니다.

자세한 문의는 학교 홈페이지 게시판을 이용해 주세요. 외국인 여러분의 많은 참여 바랍니다.

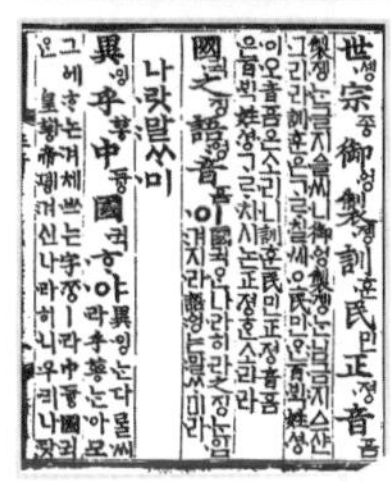
世宗御製訓民正音
國之語音이
나랏말ᄊᆞ미
異乎中國ᄒᆞ야

(1) 이 행사를 여는 목적이 <u>아닌</u> 것은 무엇입니까?

① 한글의 우수성을 알리기 위해

② 한글 학습의 동기를 갖게 하기 위해

③ 한글을 사랑하는 외국인을 찾기 위해

(2) 글의 내용과 같은 것은 무엇입니까?

① 해외에 살고 있는 외국인도 참가할 수 있다.

② 참가 신청서는 학교에 직접 가서 받아야 한다.

③ 참가자는 시와 수필 중 하나를 선택해서 써야 한다.

써 봅시다

다음은 한국의 명절인 동지에 먹는 음식입니다. 다음을 읽고 소개의 글을 완성하세요.

동지 팥죽

- 팥의 붉은 색으로 집안의 나쁜 기운을 쫓음
- 찹쌀을 새알만 하게 빚은 새알심을 넣어 나이만큼 먹음
- '동지 팥죽을 먹어야 한 살 더 먹는다'라는 말이 있음

한국의 작은 설, 동지

동지는 한국의 24절기의 하나로 일 년 중 밤이 가장 길고 낮이 가장 짧은 날이다. 동지가 지나면 낮이 다시 길어지기 시작하는데 옛날 사람들은 이것을 태양이 기운을 회복하는 것이라고 생각해서 동지를 사실상 새해의 시작이라고 여겼다. 그래서 전통 사회에서는 흔히 동지를 '작은 설'로 부르기도 했다.

동지가 되면 팥죽을 먹는 것 외에 달력을 나누어 주는 풍습이 있었다. 이러한 달력에는 농사에 필요한 여러 가지 정보가 들어 있어 일 년 동안 농사를 짓는 데 큰 도움이 되었다. 요즘에도 동지 무렵의 연말연시가 되면 한국 사람들은 서로 새해 달력을 주고받는다.

예로부터 동지가 되면 사람들은 한 해 동안 안 좋았던 일들을 모두 잊고 새로운 기분으로 하루를 즐겼다. 또 일가친척이나 이웃 간에 서로 팥죽을 끓여 나누어 먹는가 하면 달력을 선물하며 서로의 정을 나누었다. 이처럼 동지의 풍습에서는 이웃과 함께하는 아름다운 한국의 전통을 느낄 수 있다.

토의해 봅시다

다음은 새로운 기념일 문화에 대한 토의의 한 부분입니다. 읽고 물음에 답하세요.

A: 요즘 새로운 기념일들이 많이 생기고 있는데 저는 이런 기념일들에 얼마나 진정한 의미가 있을까 하는 생각이 듭니다. ⓐ좀 더 구체적으로 말씀드리면 밸런타인데이 같은 경우 처음에는 사랑하는 두 남녀를 맺어 주기 위해 자신을 희생한 한 성직자를 기념하고 남녀가 서로의 사랑을 맹세하는 데 큰 의미가 있었습니다. 그러나 지금의 밸런타인데이는 단지 여성이 남성에게 초콜릿을 주면서 사랑을 고백하는 날이 되어 버렸고 그 뒤를 이어 화이트데이나 빼빼로데이 같은 수많은 기념일들이 생겨났습니다. 진정한 의미와 목적 없이 그냥 재미로 만든 이런 기념일들이 정말 기념할 만한 가치가 있는 걸까요?

B: 글쎄요. 그건 개개인이 판단할 문제라고 생각합니다. 지나치게 많은 기념일들이 생겨나는 것에는 저도 반대하지만 이런 기념일들이 평범한 일상에 작은 즐거움을 줄 수 있습니다. 저는 꼭 국경일 같은 기념일만 의미가 있다고 생각하지는 않습니다.

(1) 밑줄 친 ⓐ와 바꿔 쓸 수 **없는** 것은 무엇입니까?

① 부연 설명을 하자면

② 보충해서 설명하자면

③ 좀 너 간단히 말씀드리면

(2) A가 말하려고 하는 것은 무엇입니까?

① 새로운 기념일은 사람들에게 즐거움을 준다.

② 기념일은 진정한 의미와 목적이 있어야 한다.

③ 기념할 만한 가치가 없는 기념일은 사라져야 한다.

(3) 두 사람은 자신의 의견을 어떻게 제시하고 있습니까?

① B는 근거를 제시하면서 A의 의견을 반박하고 있다.

② A는 B의 의견에 자신의 의견을 덧붙여서 말하고 있다.

③ A는 구체적인 예를 들면서 자신의 생각을 말하고 있다.

제 8 과 결혼

어휘

1. 알맞은 것을 골라 대화를 완성하세요.

양가	주례	예물	양육	하객	혼수

(1) A: 곧 결혼한다면서요? 준비하느라 바쁘겠어요.

B: 네. 신혼집에 놓을 가구, 가전제품 등의 __________을/를 장만하러 다니느라 너무 바빠요.

(2) A: 이 예식장은 어때?

B: 글쎄, 우리가 초대한 __________이/가 다 앉기에는 좀 좁지 않을까?

(3) A: 수진 씨, 결혼식 날짜는 정했어요?

B: 아니요. 아직 못 정했어요. __________ 부모님을 먼저 뵙고 인사드린 후에 정하려고요.

(4) A: 왕단 씨, 신혼집을 장만할 때 부족한 돈은 어떻게 마련했어요?

B: 저희는 반지나 시계와 같은 __________에 들이는 비용을 줄여 집 장만하는 데 보탰어요.

(5) A: 결혼식 준비로 바쁠 텐데 무슨 일로 날 찾아왔나?

B: 교수님께 __________을/를 부탁드리러 왔어요. 오셔서 좋은 말씀 좀 해 주세요.

(6) A: 아이를 어떻게 키워야 할지 걱정이에요.

B: 서점에 가면 자녀 __________ 방법에 대한 책이 많으니까 참고해 보세요.

2. ________에 공통으로 들어갈 단어를 고르세요.

(1)

- 음식을 오랫동안 밖에 두었더니 ________________.
- 어제 노래방에서 목이 ________________ 노래를 불렀다.
- 어머니께서는 통장의 잔고를 확인하시더니 한숨을 ________________.

① 내다　　② 쉬다　　③ 상하다

(2)

- 서재를 멋있게 꾸미는 데 돈이 많이 ________________.
- 우리 집은 햇볕이 집안 거실까지 아주 잘 ________________.
- 올해는 풍년이 ________________ 과일과 곡식이 집집마다 넘친다.

① 들다　　② 벌다　　③ 되다

3. 알맞은 것을 골라 대화를 완성하세요.

국수를 먹다　　**바가지를 긁다**　　**눈에 콩깍지가 씌다**

(1) A: 어제 여자 친구의 부모님을 만나 결혼을 허락받았어요.

B: 축하해요. 그러면 정우 씨 덕분에 곧 ____________________________.

A: 결혼식 날짜가 정해지면 바로 알려 드릴게요.

(2) A: 여보, 물건을 사용하면 제자리에 놓으라고 제가 몇 번을 말했어요?

B: 아침부터 ____________________________ 마세요. 다음부터 꼭 제자리에 놓을게요.

(3) A: 그렇게 눈이 높던 사라 씨가 직업도 없는 마틴 씨와 결혼한다고 말해서 깜짝 놀랐어요.

B: 사랑에 빠지면 원래 다 그래요. ____________________________ 그런 건 눈에 보이지 않죠.

준비합시다

01 여간 -지 않다

1. 알맞은 것을 찾아 연결하고 문장을 완성하세요.

사실	사실에 대한 상태
보기 아기가 방긋방긋 웃다	아주 사랑스럽다
(1) 상사에게 무시를 당하다	① 아주 쫄깃쫄깃하다
(2) 송편 반죽에 찹쌀을 넣다	② 기분이 매우 불쾌하다
(3) 매주 한 번씩 잔디를 깎아야 하다	③ 관리하기가 매우 귀찮다

보기 아이가 방긋방긋 웃어서 여간 사랑스럽지 않다.

(1) ______________________________.

(2) ______________________________.

(3) ______________________________.

2. 알맞은 것을 골라 대화를 완성하세요.

어렵다	능숙하다	부지런하다

(1) A: 요즘 휴대전화에 기능이 너무 많아서 솔직히 뭐가 뭔지 하나도 모르겠어요.

B: 저도 모르는 기능이 너무 많아서 사용하기가 ______________________.

(2) A: 정우 씨는 아르바이트도 하고 수업도 듣고 방과 후에 봉사활동까지 한대요.

B: 와, 정말요? 정우 씨는 ______________________.

(3) A: 저 요리사는 손이 눈에 보이지 않을 만큼 칼질을 빨리해요.

B: 저분 요리 경력이 20년이거든요. 그래서 칼질에 ______________________.

02 -도록

1. 알맞은 것을 골라 대화를 완성하세요.

땅이 꺼지다	입에 침이 마르다	목이 터지다
손이 발이 되다	귀에 못이 박히다	문턱이 닳다

(1) A: 영수 씨가 드디어 가수가 되었다면서요? 정말 축하할 일이네요.

B: 네. 노래방에 ______________________ 다니더니 정말로 가수가 되어서 TV에 나왔어요.

(2) A: 우리 엄마는 나한테 TV도 보지 말고 공부만 열심히 하라고 매일 잔소리하셔.

B: 나도 공부하라는 소리는 ______________________ 부모님께 듣고 있어. 매일 똑같이 말씀하셔서 이제는 외운다니까.

(3) A: 어떡하지? 엄마가 아끼시는 반지를 몰래 끼고 나갔다가 잃어버렸어.

B: 저런, 어쩌다가 그랬어? ______________________ 빌면 한번 봐 주시지 않을까?

(4) A: 감기 걸렸어요? 목이 많이 쉬었네요.

B: 아니요. 어제 콘서트에 가서 ______________________ 노래를 따라 불렀더니 이렇게 되었어요. 그래도 스트레스는 확 풀렸어요.

(5) A: 민수 씨에게 무슨 일 있어요? 큰 걱정이 있는 것처럼 보이던데요.

B: 아버지 건강이 더 안 좋아지셨대요. 지금 너무 바빠서 고향에 가 볼 수도 없으니까 걱정이 많이 되나 봐요. 아까도 ______________________ 한숨을 쉬더라고요.

(6) A: 이 집 음식 소문대로 정말 맛있네요. 재료도 신선하고 양도 많고 서비스도 좋고…….

B: 맞아요. 사람들이 이 음식점을 ______________________ 칭찬하는 데에는 다 이유가 있네요.

2. 알맞은 것을 골라 대화를 완성하세요.

가다	넘다	밤새다	저물다

(1) A: 어젯밤에 도대체 몇 시에 잤어요? 수업 시간에 계속 졸던데요.

B: 오늘까지 제출해야 하는 과제가 많아서 ________________ 컴퓨터 앞에 앉아 있었더니 여간 졸리지 않아요.

(2) A: 아무래도 잠깐 밖에 나가서 남편을 기다려야겠어요.

B: 왜요?

A: 회식이 있다고는 했지만 연락도 없이 12시가 훌쩍 ________________ 아직 집에 안 들어와서요.

(3) A: 이번 겨울은 눈도 보지 못하고 보내네요.

B: 그러게요. 겨울이 다 ________________ 어떻게 눈이 한 번도 안 올 수 있죠?

(4) A: 이번에 새로 생긴 놀이터를 아이들이 아주 좋아한다면서요?

B: 네. 우리 아들도 어찌나 좋아하는지 날이 ________________ 놀이터에서 떠나지 않아요. 오늘도 저녁 먹을 때까지 놀더라고요.

03 (으)로 인해

1. 알맞은 것을 찾아 연결하고 문장을 완성하세요.

원인	결과
보기 오해가 오랫동안 쌓였다 •	• 심한 말다툼을 하게 되었다
(1) 산불이 밤새 번졌다 •	• ① 출근길 교통이 마비되었다
(2) 배추 값이 크게 올랐다 •	• ② 올해 김장 비용이 많이 들었다
(3) 많은 눈이 갑자기 내렸다 •	• ③ 산에 있던 나무가 다 타 버렸다

보기 오랫동안 쌓인 오해로 인해 심한 말다툼을 하게 되었다.

(1) ______________________________.

(2) ______________________________.

(3) ______________________________.

2. 알맞은 것을 골라 문장을 완성하세요.

중독	관중	햇볕	식생활	부주의	스트레스

(1) 요즘 ____________ 탈모 증상 때문에 고민하는 사람이 많다. 그렇지만 효과적인 탈모 치료 방법은 아직 개발되지 않고 있다.

(2) 겨울철에 발생하는 화재 대부분은 사람들의 ____________ 것이다. 특히 산불의 경우 등산객들이 무심코 버린 담배꽁초가 주요 원인인 것으로 밝혀졌다.

(3) 여름철에는 강하게 내리쬐는 ____________ 얼굴과 팔이 많이 탈 수 있으니 주의해야 한다.

(4) 불규칙한 ____________ 건강이 나빠지는 직장인들이 크게 증가하고 있다.

(5) 한꺼번에 축구 경기장에 몰린 ____________ 경기장 주변의 도로가 극심한 정체에 시달렸다.

(6) 조사 결과에 따르면 청소년 문제 중 게임 ____________ 문제가 가장 심각한 것으로 나타났다.

말해 봅시다

1. 다음 물음에 답하세요.

(1) 눈이 아주 높다는 것을 어떻게 말할까요?

A: 좋은 조건을 가진 사람도 눈에 들어오지 않아요.
B: 사라 씨는 ________________.

① 눈이 여간 높지 않네요

② 눈이 높은 편은 아니네요

③ 눈이 여간 낮은 게 아니에요

(2) 같은 말을 자주 들었음을 표현할 때 어떻게 말할까요?

A: 더 늦기 전에 결혼해야지.
B: 제발 그만 좀 해. 그런 소리는 집에서 ________________.

① 밤새도록 들었어

② 귀에 못이 박히도록 들었어

③ 지나가는 말로 형한테서 들었어

(3) 자신이 더 급한 상황임을 어떻게 말할까요?

A: 사라 씨, 제 일 좀 도와줄 수 있어요? 지금 너무 바빠서요.
B: 마틴 씨, 죄송해요. 지금 ________________.

① 제 코가 석자예요

② 마틴 씨가 더 급하잖아요

③ 마틴 씨만큼 바쁜 사람도 없죠

메모

2. 다음 대화를 읽고 물음에 답하세요.

왕단 히로 씨는 언제쯤 결혼할 생각이에요?

히로 글쎄요. 좋은 사람 생기면 하려고요. 왕단 씨는요?

왕단 저는 빨리 결혼하고 싶은데 아직 좋은 사람을 못 만났어요.

히로 그래요? 왕단 씨는 어떤 사람이랑 결혼하고 싶은데요?

왕단 저는 경제적인 능력이 있고 학벌도 좋은 사람이면 좋겠어요.

히로 왕단 씨, 눈이 상당히 높은데요. 그런 사람 만나기는 쉽지 않을 것 같아요.

왕단 제가 눈이 높은 건가요? 그럼 히로 씨는 어떤 사람을 만나고 싶은데요?

히로 저는 경제적인 능력이나 학벌은 별로 상관없어요. 그냥 애교가 많고 다정다감해서 제 무뚝뚝한 성격을 보완해 줬으면 좋겠어요.

왕단 어, 의외인데요? 히로 씨도 ⓐ________________.

히로 경제력보다는 어떤 사람인지가 중요하죠. 결혼은 서로의 부족한 부분을 채워 주는 사람과 해야 한다고 사람들한테서 귀가 닳도록 들었거든요. 그리고 결혼식은 양가 부모님과 하객 몇 분만 초대해서 조촐하게 하고 싶어요. 왕단 씨, 주변에 좋은 사람 있으면 소개 좀 해 주세요.

왕단 히로 씨, 무슨 소리예요? 제가 히로 씨보다 더 급한걸요.

(1) ⓐ에 들어갈 수 있는 것은 무엇입니까?

① 배우자의 경제력을 따질 줄 알았거든요

② 애교가 많은 사람을 좋아할 거라고 생각했어요

③ 배우자의 성격을 중요하게 생각할 줄 알았어요

(2) 두 사람은 무엇에 대해 이야기하고 있습니까?

① 원하는 배우자의 직업　　② 원하는 배우자의 성격

③ 배우자가 초대할 하객

(3) 대화의 내용과 **다른** 것은 무엇입니까?

① 히로 씨는 애교가 많고 다정다감한 편이다.

② 두 사람은 아직 결혼할 사람을 만나지 못했다.

③ 왕단 씨는 좋은 대학교를 졸업한 사람을 배우자로 원한다.

읽어 봅시다

1. 다음은 신혼여행 유형에 대한 글입니다. 읽고 물음에 답하세요.

내게 맞는 신혼여행을 가자

결혼 성수기 5월이 돌아왔다. 여행사마다 다양한 신혼여행 상품을 내놓고 있지만 ⓐ오히려 수많은 정보들 때문에 어디로 갈지 모르겠다는 독자들이 많다. 그래서 이번 호에서는 최근 변화하고 있는 신혼여행의 다양한 모습을 유형별로 정리해 보았다.

제일 먼저 소개할 유형은 가장 많은 신혼부부들이 선호한다는 '휴양형'이다. 휴양형이란 오직 휴식을 목적으로 단순히 한 곳에 머무르는 것이다. 그렇지만 단조로운 일정 때문에 시간을 심심하게 보낼 수도 있다.

단조로운 여행이 싫다면 '레저형'을 선택하자. 리조트 앞 바닷가에서 스노클링, 카약 등의 해양 스포츠를 즐기거나 리조트 내에서 테니스, 골프 등의 다양한 스포츠 활동을 할 수 있어서 활동적인 부부에게는 가장 알맞은 유형이다.

한 곳에만 있는 것이 지루하다고 생각되는 부부에게는 여러 나라를 다니면서 여행하는 '관광형'을 추천한다. 많은 관광지를 방문해 다양한 추억을 남길 수 있어서 젊은 신혼부부들이 제일 선호하는 여행이다. 단, 휴가가 길지 않다면 빠듯한 일정 때문에 피곤할 수 있다는 점을 명심하자.

자신이 꿈꾸는 신혼여행의 유형을 잘 파악해 각자의 개성과 취향을 살려 여행한다면 평생 기억에 남는 신혼여행이 될 것이다. 나에게 맞는 신혼여행을 잘 선택해 소중한 추억을 남겨보자.

(1) 이 글을 쓴 목적은 무엇입니까?

① 신혼여행의 다양한 유형을 소개하기 위해서

② 신혼여행지에 대한 정보를 알려주기 위해서

③ 신혼부부에게 여행 경험담을 들려주기 위해서

(2) ⓐ의 의미로 알맞은 것은 무엇입니까?

① 지나치게 많은 정보는 대부분 불확실하다.

② 정보가 너무 많아서 여행지 결정을 방해하고 있다.

③ 아주 많은 정보가 여행지 결정에 도움을 주고 있다.

(3) 글의 내용과 **다른** 것은 무엇입니까?

① '레저형'을 선택하면 해양 스포츠 외에 할 것이 없다.

② 휴양지에서 쉬는 여행이 신혼부부들에게 가장 인기가 많다.

③ 휴가가 길지 않다면 '관광형'은 바쁜 일정 탓에 힘들 수 있다.

2. 다음은 카드 발급에 대한 안내문입니다. 읽고 물음에 답하세요.

다자녀 카드로 누리는 더 큰 행복

서울시에서는 두 자녀 이상의 가족에게 경제적인 혜택을 주기 위해 '다자녀 카드'를 발급해 드리고 있습니다. 카드를 제시하면 공공시설의 이용 요금을 할인받거나 가맹점 이용 시 포인트가 적립됩니다.

- **발급 대상**: 서울에 거주하는 가정 중 두 자녀 이상(막내가 13세 이하)의 가정
- **발급 방법**: 서울시 다자녀 카드 홈페이지나 이화은행에서 신청
- **주요 혜택**: 서울시 공영 주차장 50% 할인
  이화은행 이용 시 수수료 무료
  서울 주요 영화관 어린이 관람 요금 무료
  놀이공원 이용 시 본인 외 동반 4인까지 입장료 50% 할인 등

홈페이지(http://www.dajanyeo.go.kr)를 방문하시면 카드 혜택에 대한 정보를 확인하실 수 있습니다. 다자녀 카드로 더 큰 행복을 누려 보세요.

(1) 이 카드는 어떤 카드입니까?

① 가맹점에 포인트를 적립해 주는 카드

② 다자녀 가정을 경제적으로 지원해 주는 카드

③ 자녀가 한 명 이하라는 것을 증명해 주는 카드

(2) 글의 내용과 **다른** 것은 무엇입니까?

① 막내의 나이를 기준으로 카드 발급을 제한하고 있다.

② 서울에 있는 모든 은행에서 카드를 발급받을 수 있다.

③ 서울시에서 운영하는 주차장을 반값에 이용할 수 있다.

써 봅시다

다음은 20~30대들의 결혼 문화에 대한 인식을 조사한 결과입니다. 다음을 보고 설문 결과를 정리하는 글을 완성하세요.

결혼에 불필요한 절차는 무엇입니까?

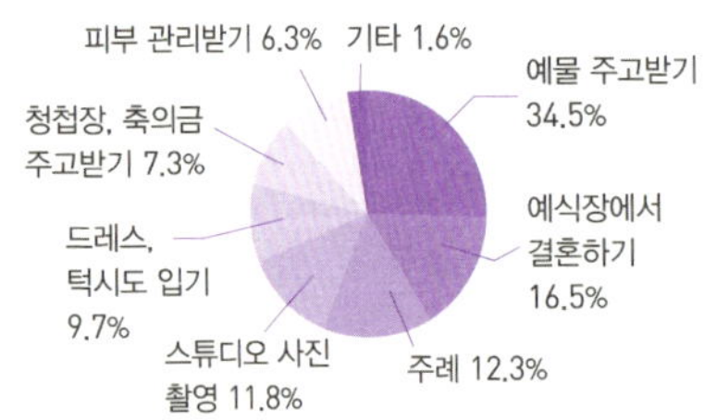

비싼 호텔 결혼식에 대해 어떻게 생각합니까?

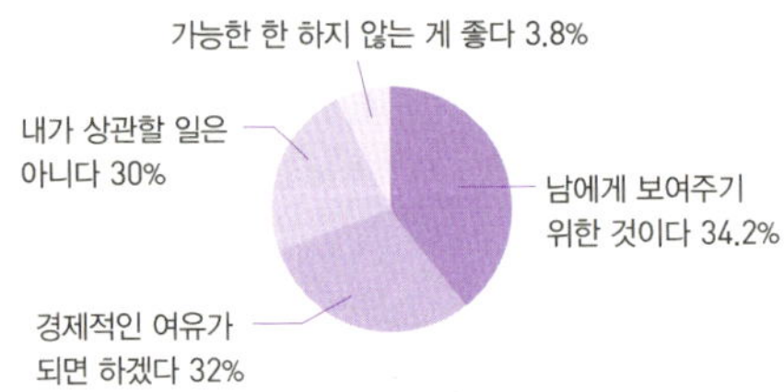

20~30대의 결혼 문화에 대한 인식 조사

최근 몇몇 통계 자료를 보면 결혼 문화가 형식적인 면을 최소화하는 방향으로 바뀌고 있다는 것을 알 수 있다. 요즘 젊은이들의 결혼 문화에 대한 생각을 알아보기 위해 서울에 거주하는 20~30대 미혼남녀를 대상으로 설문 조사를 실시했다.

먼저 결혼에 불필요한 절차가 무엇이냐는 질문에 예물을 주고받는 것이라고 응답한 사람이 34.5%로 가장 많았으며 예식장에서 결혼하는 것이라고 응답한 사람은 16.5%를 차지했다. 주례라고 응답한 사람이 12.3%, 스튜디오 사진 촬영이라고 대답한 사람이 11.8%로 그 뒤를 이었다. 이 외에도 젊은이들 입장에서는 생략할 수 있는 결혼 절차가 많았다.

설문 조사 결과를 정리해 보면 20~30대 미혼남녀는 지금까지 해 온 결혼 절차 중에 필요하지 않은 것이 있다고 생각하며 지나치게 화려한 결혼식에 대해 일부 미혼남녀는 부정적인 시각을 가지고 있는 것으로 보인다.

토의해 봅시다

다음은 변화하는 결혼 풍속에 대한 토의의 한 부분입니다. 읽고 물음에 답하십시오.

A: 요즘 많은 신혼부부들이 결혼식을 되도록 간소하게 하고 예물도 결혼반지만 맞춘다고 합니다. 형식이나 체면 때문에 결혼식이나 예물을 화려하게 준비했던 과거에 비해 불필요한 지출도 줄일 수 있고 실속도 차릴 수 있어서 저는 이런 변화를 매우 긍정적으로 생각합니다.

B: 예식이나 예물을 소박하게 준비하는 것은 찬성하지만 결혼식 절차를 지나치게 편하게 하려는 것은 좀 문제가 있다고 봅니다. 그 예로 얼마 전에 문자로 모바일 청첩장을 받았는데 좀 성의가 없다는 생각이 들었습니다. 가능하면 직접 만나 청첩장을 나누어 주는 것이 하객에 대한 예의 아닐까요? 예식 절차를 무시하고 친구들끼리 재미 위주로 진행하는 결혼식도 하객의 눈살을 찌푸리게 합니다. 엄숙해야 할 결혼식을 장난으로 하는 것처럼 보여서요. ⓐ간단히 말씀드리자면 아무리 간소하게 한다고 해도 결혼식에 맞는 절차는 지켜야 결혼식의 진정한 의미를 찾을 수 있다고 생각합니다.

(1) 밑줄 친 ⓐ와 바꾸어 쓸 수 **없는** 표현을 고르세요.

① 간략하게 말하자면

② 한 마디로 말씀드리면

③ 결론부터 말씀드리자면

(2) B의 생각으로 알맞은 것은 무엇입니까?

① 문자로 청첩장을 보내면 간편해서 좋다.

② 결혼식에는 그에 맞는 절차가 있어야 한다.

③ 예물을 너무 간략하게 하는 것은 문제가 있다.

(3) B는 A의 의견에 어떤 태도를 가지고 있습니까?

① A의 모든 의견에 대해 매우 부정적이다.

② A의 의견을 뒷받침할 자료를 요청하고 있다.

③ A의 의견에 대해 부분적으로 찬성하고 있다.

제 9 과 이웃과 공동체

어휘

1. 알맞은 것을 골라 대화를 완성하세요.

기증하다	모금하다	왕래하다	절실하다	훈훈하다	희망차다

(1) A: 오늘 집에 오는 길에 빨간 자선냄비에 돈 좀 넣었어요.

B: 그래요? 저는 지난주에 학교에서 불우 이웃 돕기 성금을 ________________ 그 때 벌써 냈어요.

(2) A: 그동안 수집하거나 만들어 오신 한복들 중에는 돈으로도 살 수 없을 만큼 귀한 것들이 많은데요. 이 한복들은 어떻게 하실 생각입니까?

B: 박물관에 ________________ 다른 사람들에게도 한복의 아름다움을 전하고 싶어요.

(3) A: 이번에 홍수가 나서 많은 사람들이 집과 가족을 잃었대요.

B: 수재민들에게는 사람들의 도움이 ________________ 필요하겠군요.

(4) A: 사장님, 취직 준비로 힘들어하는 젊은이들에게 한 말씀 해 주시죠.

B: '고생 끝에 낙이 온다'는 말이 있지요? 지금 조금 힘들더라도 열심히 노력하면 반드시 ________________ 미래가 올 겁니다. 모두 힘냅시다.

(5) A: 유나 씨는 정우 씨를 오래 전부터 알고 지냈다면서요?

B: 네. 부모님들께서 친하셔서 어릴 때부터 서로 ________________ 온 사이예요.

(6) A: 왕단 씨 부부는 결혼기념일 때마다 무료 급식소에서 봉사 활동을 한다고 해요.

B: 두 사람의 선행은 주변 사람들의 마음까지 ________________ 만들어 주네요.

2. 알맞은 것을 골라 대화를 완성하세요.

그저	금세	흔쾌히

(1) A: 두 사람은 언제부터 이렇게 친했어요?

B: 처음 만났을 때 이야기를 나눠 보니까 서로 고향도 같고 취미도 같더라고요. 그러다 보니 ________________ 친해지게 됐어요.

(2) A: 왕단 씨에게 일요일에 차 좀 빌려 달라고 부탁하는 건 어때?

B: 그렇지 않아도 오늘 말했더니 얼마든지 쓰라고 ________________ 대답하더라고.

(3) A: 지난겨울부터 가뭄이 심하게 들어 걱정이에요. 우리가 할 수 있는 일이 없을까요?

B: 별 수 있나요. ________________ 하늘만 바라보며 비가 오기를 기다리는 수밖에요. 조금만 더 인내심을 갖고 기다려 봅시다.

3. 알맞은 것을 골라 대화를 완성하세요.

귀를 기울이다	발 벗고 나서다	색안경을 끼고 보다

(1) A: 돈이 없어졌어요. 혹시 민수 씨가 훔친 건 아닐까요? 전에 다른 사람의 돈을 훔친 적이 있잖아요.

B: 사라 씨, 민수 씨가 그런 적이 있다고 해서 민수 씨를 ________________ 마세요. 민수 씨는 이제 그럴 사람이 아니에요.

(2) A: 갑자기 어머니께서 돌아가셔서 얼마나 힘드셨습니까?

B: 그때는 정말 정신이 없었어요. 다행히 정우 씨가 ________________ 도와준 덕분에 장례식을 잘 마칠 수 있었어요.

(3) A: 토론을 잘하기 위해서는 무엇이 가장 중요할까요?

B: 상대방을 설득하기 위해 나의 주장을 잘 말하는 것도 중요하지만 상대방의 의견에 ________________ 것도 중요하지요.

준비합시다

01 -기는커녕

1. 알맞은 것을 골라 ✓표 하세요.

(1) A: 보통 남편과 같이 저녁 식사를 하나요?

B: 남편이 매일 늦게까지 야근을 해서 (가) 같이 식사하기는커녕 얼굴 보기도 힘들어요.
(나) 얼굴 보기는커녕 같이 식사하기도 힘들어요.

(2) A: 남자친구가 한국어 공부를 많이 도와주지요?

B: 아니요. 공부를 (가) 도와주기는커녕 방해만 해요.
(나) 방해하기는커녕 자주 도와줘요.

(3) A: 어제 일기예보에서 분명히 날씨가 맑을 거라고 했는데…….

B: 일기예보가 또 틀린 것 같아요. (가) 비가 오기는커녕 화창할 것 같아요.
(나) 날씨가 화창하기는커녕 비가 올 것 같아요.

(4) A: 이번에 새로 시도한 다이어트로 살이 좀 빠졌나요?

B: 제 몸을 보세요. 몸무게가 (가) 늘기는커녕 줄었어요.
(나) 줄기는커녕 늘었어요.

(5) A: 이 영화 정말 재미있지요? 두 남녀의 사랑 이야기가 감동적이었어요.

B: 글쎄요. 내용이 식상해서 저에게는 (가) 재미있기는커녕 지루했어요.
(나) 지루하기는커녕 재미있었어요.

(6) A: 이번 명절 때 맛있는 음식을 많이 드셨어요?

B: 아니요. 갑자기 체하는 바람에 (가) 밥은커녕 맛있는 요리들도 먹었어요.
(나) 맛있는 요리는커녕 밥도 못 먹었어요.

(7) A: 물가가 많이 올랐는데 깨우 씨 월급도 많이 올랐어요?

B: 말도 마세요. 이번 달부터 월급이 (가) 깎이기는커녕 더 오른대요.
(나) 오르기는커녕 더 깎인대요.

2. 알맞은 것을 골라 대화를 완성하세요.

약효	여행	전화

(1) A: 탈모 방지 샴푸를 사용하면 효과가 좀 있을까요?

B: 글쎄요. 저도 사서 써 봤는데 ________________ 머리만 더 빠지는 것 같아요.

(2) A: 외국으로 공부하러 간 남자친구한테서 연락은 자주 와요?

B: 유학 간 지 한 달이 넘도록 ________________ 문자 한 통도 안 와요.

(3) A: 휴가 때 외국으로 놀러 간다고 했죠? 잘 다녀왔어요?

B: 아니요. 출국 전날 아내가 크게 다치는 바람에 ________________ 집 밖에도 못 나갔어요.

02 -다고 해서

1. 알맞은 것을 찾아 연결하고 문장을 완성하세요.

사실		반론
보기 시험에 떨어졌다	• ——— •	크게 실망하는 것은 좋지 않다
(1) 날씨가 춥다	• •	① 살이 저절로 빠지지는 않는다
(2) 다이어트 식품을 먹다	• •	② 회사를 그만두고 싶은 것은 아니다
(3) 회사에 대한 불만이 있다	• •	③ 집에만 있으면 오히려 건강에 해롭다

보기 시험에 떨어졌다고 해서 크게 실망하는 것은 좋지 않다.

(1) ____.

(2) ____.

(3) ____.

2. 알맞은 것을 골라 대화를 완성하세요.

맡다	결혼하다	출연하다

기자: 왕단 씨, 안녕하세요? 그동안 TV에 안 나오셨는데 연기를 쉬는 동안 뭐 하셨어요?

왕단: 방송에 (1) __________ 연기를 쉰 건 아니에요. 그동안 연극 무대에 꾸준히 섰어요.

기자: 삼십대이신데 동안이라서 주로 이십대 초반 역할을 하니까 좋으시겠어요.

왕단: 글쎄요. 실제 나이보다 어린 역할만 (2) __________ 좋지만은 않아요. 전 다양한 역할을 해 보고 싶거든요.

기자: 신혼이어서 동료들과의 회식 자리에 자주 참석하지 못하실 것 같아요.

왕단: 그렇지 않아요. (3) __________ 회식할 시간도 없는 건 아니에요. 그렇지만 일찍 집에 들어가야 해서 먼저 일어나기는 해요.

3. 알맞은 것을 골라 대화를 완성하세요.

의사	어린이	쌍둥이

(1) A: 몇 분 차이로 태어난 형제인데도 두 사람은 정말 다른 것 같아요.

B: __________ 모두 다 똑같지는 않죠. 어찌 되었든 다른 사람이니까요.

(2) A: 다섯 살짜리 아이도 뷔페에 가서 먹을 때 돈을 내?

B: 물론이지. __________ 안 먹는 건 아니거든. 대신 보통 성인 요금의 반만 받아.

(3) A: 아픈 사람의 병을 고치는 사람이 어쩌다가 감기에 걸렸어?

B: __________ 감기에 안 걸리는 건 아냐. 나도 사람이거든.

03 -다가는

1. 알맞은 것을 골라 대화를 완성하세요.

마시다	피우다	과속하다

(1) A: 담배를 끊기가 참 힘드네요. 담배를 좀 줄여야 하는데 생각만큼 쉽지 않아요.

B: 계속 그렇게 담배를 ________________ 폐암에 걸릴 수도 있어요. 노력해 보세요.

(2) A: 저녁을 짜게 먹었더니 목이 계속 말라서 물을 자꾸 찾게 되네요.

B: 그렇게 물을 자꾸 ________________ 화장실 가느라고 잠을 설치겠어요.

(3) A: (자동차 안에서) 약속 시간에 늦었으니까 좀 더 속도를 올릴게요.

B: 정우 씨, 너무 빨리 달리는 거 아니에요? 이렇게 ________________ 사고 나겠어요.

2. 알맞은 것을 찾아 연결하고 문장을 완성하세요.

행동		예상되는 결과
보기 연락도 없이 갔다	• ——— •	헛걸음하다
(1) 또 거짓말을 했다	• •	① 승진하기 어렵다
(2) 한 번 부장님 눈 밖에 났다	• •	② 운전면허가 취소되다
(3) 또다시 교통 법규를 위반했다	• •	③ 사람들이 더 이상 믿지 않다

보기 연락도 없이 갔다가는 헛걸음할 것이다.

(1) ____.

(2) ____.

(3) ____.

말해 봅시다

1. 다음 물음에 답하세요.

(1) 더 쉬운 것도 못한다는 것을 어떻게 말할까요?

A: 수진 씨, 수영 잘해요?

B: 아니요. ______________________.

① 수영을 못하기는커녕 더 잘해요

② 수영은 고사하고 물에도 못 들어가요

③ 수영은 물론 물놀이도 안 하려고 해요

(2) 어떤 일이 꼭 그렇지는 않다는 것을 어떻게 말할까요?

A: 제가 요리를 잘 못하는데 요리사가 될 수 있을까요?

B: ______________________.

① 요리사가 되면 저절로 요리를 잘하게 될 거예요

② 지금부터 요리를 배워 봤자 잘할 수 있을 것 같지는 않아요

③ 지금 요리를 못한다고 해서 요리사가 될 수 없는 건 아니에요

(3) 아는 사람이 많을 때 어떻게 말할까요?

A: 제 휴대전화에는 아는 사람 전화번호가 이천 개쯤 저장돼 있어요.

B: 와, 왕단 씨는 정말 ______________________.

① 인간관계가 깊군요

② 발이 넓은 것 같아요

③ 인맥을 넓혀야겠어요

메모

2. 다음 대화를 읽고 물음에 답하세요.

유나 왕단 씨, 뉴스를 보니까 요즘 가족 없이 홀로 사는 노인들이 많대요.

왕단 저도 그 뉴스 봤어요. 우리가 좀 도와 드릴 방법이 없을까요?

유나 그럼 홀로 사는 노인들을 위한 자원 봉사에 참여하면 어떨까요?

왕단 글쎄요. 저도 참여하고 싶은 마음은 굴뚝같은데 ⓐ ______________.

유나 음……. 그럼 자선 음악회를 하는 건 어때요? 음악회를 통해 노인 분들에게 즐거움을 드릴 수 있을 것 같은데요.

왕단 그거 괜찮네요. 수익금이 생기면 기부도 할 수 있겠어요. 그러면 자선 음악회에서 무엇을 하는 게 좋을까요?

유나 여러 사람이 목소리를 맞추어 노래 부르는 합창 공연이 어때요?

왕단 합창요? 전 노래를 잘 부르기는커녕 음정도 잘 못 맞춰요.

유나 음치라고 해서 걱정할 필요는 없어요. 왕단 씨는 마당발이니까 성악을 전공하는 친구들에게 연락해서 공연에 참여하도록 설득해 보세요. 그리고 저는 공연 장소를 빌려 볼게요. 후원을 받을 수 있는지도 알아볼게요.

왕단 그게 좋겠어요. 그럼 전 공연에 참여해 줄 수 있는 친구들을 모아 볼게요. 우리 자선 음악회 안내문도 만들어서 게시판에 붙여요.

유나 좋은 생각이에요.

(1) ⓐ에 들어갈 수 **없는** 것은 무엇입니까?

① 돕고 싶은 의사는 없어요　　② 실천할 만한 방법은 잘 모르겠어요

③ 쉽지는 않을 것 같아 망설이고 있어요

(2) 자선 음악회에 대한 설명으로 알맞지 **않은** 것은 무엇입니까?

① 노인 분들을 관객으로 초대할 것이다.　　② 성악가 한 명을 초청해 공연할 것이다.

③ 안내문을 게시판에 붙여 홍보할 것이다.

(3) 대화의 내용과 **다른** 것은 무엇입니까?

① 두 사람은 홀로 사는 노인 분들을 도울 방법을 찾고 있다.

② 유나 씨는 도움을 줄 수 있는 사람이나 단체를 찾을 것이다.

③ 왕단 씨는 자선 음악회를 통해 돈을 벌 수 있다고 기대하지 않는다.

읽어 봅시다

1. 다음은 사랑의 쌀독에 대한 글입니다. 읽고 물음에 답하세요.

사랑으로 가득 채워진 자선 쌀독

요즘 동사무소나 지하철역 곳곳에 자선 쌀독이 놓여 있는 것을 종종 볼 수 있다. 동사무소 문 앞이나 지하철 매표소에 마련된 자선 쌀독에는 소외된 이웃을 돕고 싶어 하는 사람들이 기부한 쌀이 들어 있고 주위를 보이지 않게 가려서 배고픈 사람들이 편하게 쌀을 가져갈 수 있게 했다고 한다. 이것은 가난한 이웃의 자존심에 상처를 입히지 않으려는 작은 배려라고 한다.

[A] 직접 자선 쌀독이 설치된 곳에 가보니 혼자 사시는 할머니 몇 분이 쌀을 종이봉투에 담고 계셨다. 할머니들은 형편이 어려울 때마다 이 쌀이 큰 힘이 된다며 활짝 웃으셨다. 지하철 역무원의 말에 따르면 처음 설치했을 때만 해도 쌀독이 비면 어떻게 할 것인지 걱정했다고 한다. 그렇지만 쌀독이 비기는 커녕 쌀독이 빌 때마다 쌀을 넣고 가는 사람이 있어 항상 쌀독에는 쌀이 넘친다고 했다.

[B] 이런 자선 쌀독은 옛날에도 있었다. 전라남도에 있는 오래된 한옥에 가면 문 밖에 이백 년 넘게 사용되었던 자선 쌀독이 있다고 한다. 지금은 사용되지 않지만 쌀 160kg 정도가 들어가는 이 자선 쌀독에는 '누구나 이 쌀을 가져갈 수 있다'라는 글이 쓰여 있다고 한다. 이 글에서 그 옛날에도 가난한 사람들에게 쌀을 직접 나눠 주는 대신에 아무도 모르게 쌀을 가져갈 수 있도록 했던 주인의 배려가 느껴진다.

[C] 우리도 지하철역이나 동사무소 앞을 지날 때 자선 쌀독을 본다면 쌀 한 바가지로 이웃에게 사랑을 전해 보는 것은 어떨까.

(1) 이 글을 쓴 목적은 무엇입니까?

① 최근 발생한 사고에 대한 사실을 전달하기 위해서

② 최근 화제가 되는 일에 대한 자신의 생각을 말하기 위해서

③ 요즘 논란이 되고 있는 문제에 대한 해결책을 제시하기 위해서

(2) 다음 내용이 들어갈 부분으로 알맞은 곳은 어디입니까?

그때나 지금이나 이웃을 생각하는 마음이 변치 않았음이 우리 마음을 훈훈하게 한다.

① A　　② B　　③ C

(3) 글의 내용과 같은 것은 무엇입니까?

① 지하철 쌀독은 시민들의 양심에 따라 운영되고 있다.

② 옛날 부자의 쌀독은 마을 사람들이 채워 넣어야 했다.

③ 지하철 쌀독의 쌀을 가져가려면 역무원의 허락이 필요하다.

2. 다음은 자원봉사자를 모집하는 공고입니다. 읽고 물음에 답하세요.

:: 책을 녹음할 자원봉사자를 찾습니다 ::

이화 시각 장애인 도서관에서는 시각 장애인에게 녹음 도서를 제공하기 위해 녹음 봉사를 할 자원봉사자를 모집합니다. 발음, 억양, 속도 등 간단한 낭독 시험을 본 후 통과되면 봉사 활동을 할 수 있습니다. 나의 목소리가 한 권의 책이 되어 누군가의 눈이 되어 주는 보람을 느껴 보시기 바랍니다. 관심 있는 분들은 지원서를 작성하여 이메일로 보내 주십시오.

- **자격**: 본교 재학생 및 휴학생 중 성실하고 책임감 있는 학생
- **활동내용**: 책 녹음, 녹음 도서 편집 및 제작
- **일정**: 한 학기 동안 주 1회, 총 30시간 이상
- **위치**: 이화 시각 장애인 도서관 7층 701호
- **연락처**: 02-1234-5678, light4u@ewha.ac.kr

(1) 무엇에 대한 공고입니까?

① 도서 제작자 모집　　② 도서관 직원 모집　　③ 녹음 봉사자 모집

(2) 이 글의 내용과 같은 것은 무엇입니까?

① 졸업생도 봉사에 참여할 수 있다.

② 녹음된 도서는 시각 장애인을 위한 것이다.

③ 도서관에 가면 바로 봉사활동을 시작할 수 있다.

써 봅시다

다음은 이웃 간의 갈등이 생기게 된 이유입니다. 다음을 읽고 신문사에 보내는 칼럼의 글을 완성하세요.

사회가 각박해져서 마음의 여유가 사라진 것 같아.

맞아. 이웃 간의 교류에 시간을 투자하지 않고 이웃을 이해하려는 노력도 없어.

이웃 간의 갈등

얼마 전 아파트에서 주차 문제로 말다툼을 벌이다가 위층에 사는 사람이 아래층에 사는 이웃을 밀어 넘어뜨려 크게 상처를 입혔다는 뉴스가 보도되었다. 이처럼 주차 문제뿐만 아니라 쓰레기 처리 문제, 층간 소음 문제 등 이웃 간의 작은 갈등이 큰 싸움이 되는 경우가 요즘 심심치 않게 들리고 있다.

옛날 같으면 서로 마음을 터놓고 이야기해서 쉽게 해결할 수 있었던 문제가 요즘은 큰 싸움이 되고 있는 것 같다. 아파트와 같은 공동 주택에 살고 있는 사람들이 늘어나면서 이웃 간의 협력이 더욱 중요해졌는데 오히려 사람들이 자신의 권리만 내세워 갈등을 키우고 있다.

이웃 간의 갈등이 심해지는 이유는 무엇일까. ____________________

이웃과의 물리적 거리는 가까워졌지만 마음의 거리는 더 멀어진 것 같다. 서로를 알아야 이해하는 마음이 생기고 대화를 나누어야 오해도 풀 수 있다. 그러므로 이웃 간의 갈등을 줄이고 아름다운 공동체를 만들기 위해서는 이웃 사이에 서로를 알아가고 대화를 나누려는 노력이 필요하다.

토의해 봅시다

다음은 소년소녀가장을 돕는 방법에 대한 토의의 한 부분입니다. 읽고 물음에 답하세요.

A: 저는 우리의 도움이 소년소녀가장에게 가장 필요하다고 생각합니다. 소년소녀가장들은 미래를 위해 준비해야 할 시기에 가장으로서의 무거운 책임감을 가지고 있습니다. 따라서 이들이 현실적인 어려움에서 벗어나 희망찬 내일을 꿈꿀 수 있도록 이들에게 우리의 관심과 도움을 주어야 한다고 생각합니다.

B: 저도 그 말씀에 동감합니다. 그래서 아이들의 꿈과 희망을 키워주는 방법으로 자신의 재능을 기부하는 방법을 생각해 봤는데요.

A: 재능 기부요? ⓐ좀 더 구체적으로 말씀해 주시겠습니까?

B: 예를 들어 음악가는 아이들에게 음악을 가르쳐 주고 작가는 글 쓰는 것을 가르쳐 주는 겁니다. 이처럼 아이들의 재능에 따라 좋은 선생님들을 만나게 해 준다면 소년소녀가장들이 자신의 꿈을 더 크게 키울 수 있다고 생각합니다.

(1) 밑줄 친 ⓐ와 바꾸어 쓸 수 **없는** 표현을 고르세요.

① 설명을 좀 더 해 주시겠습니까

② 다시 한 번 생각해 보시겠습니까

③ 좀 더 자세히 말씀해 주시겠습니까

(2) 두 사람이 말하려고 하는 것은 무엇입니까?

① 소년소녀가장의 재능을 사람들에게 나누어 주고 싶다.

② 소년소녀가장들의 꿈을 키워 주는 방향으로 도와야 한다.

③ 현실적으로 소년소녀가장의 꿈을 키워 주기란 불가능하다.

(3) B는 자신의 의견을 어떻게 제시하고 있습니까?

① 상대방의 감정에 호소하여 동의를 구하고 있다.

② 구체적인 예로 자신의 의견을 뒷받침하고 있다.

③ 상대방 의견의 문제점을 지적하면서 반박하고 있다.

제10과 현대 사회와 생활

어휘

1. 알맞은 것을 골라 대화를 완성하세요.

검소하다	유치하다	공정하다	감당하다	집착하다

(1) A: 지난번 경기는 심판이 너무 한쪽 팀에만 유리하게 판정을 한 것 같지요?

B: 맞아요. 어느 한쪽 편을 들지 않고 경기를 ________________ 운영해야 열심히 노력한 선수들이 억울하지 않을 텐데요.

(2) A: 한국자동차의 김수영 회장은 도대체 재산이 얼마나 될까요?

B: 재산은 엄청나지만 굉장히 ________________ 생활을 한다고 들었어요. 타고 다니는 차도 10년이 넘은 것이고 사진을 보면 매번 똑같은 옷을 입고 있어요.

(3) A: 지방 소도시가 발전하려면 어떤 노력이 필요하다고 생각하십니까?

B: 먼저 많은 기업과 공장을 지방 소도시에 ________________. 그렇게 해야 지역 경제를 활성화시킬 수 있습니다.

(4) A: 나 오늘 시험을 너무 못 봐서 이번에는 진급을 못 할 것 같아. 어떡하지?

B: 시험이 다 끝난 게 아니잖아. 이미 지나간 시험에 너무 ________________ 말고 내일 시험을 준비하는 게 어때?

(5) A: 수진 씨 어머니께서 이번에 큰 수술을 받으셨다면서요? 병원비가 많이 나왔겠어요.

B: 네. 수진 씨 혼자서 ________________ 힘든 모양이에요. 우리가 조금씩이라도 돈을 모아 주면 어떨까요?

2. 설명에 알맞은 단어를 골라 쓰세요.

폐기장	매립장	교도소	발전소	소각장

(1) 못 쓰게 된 것을 내다 버리는 곳 : ____________

(2) 전기를 일으키는 시설을 갖춘 곳 : ____________

(3) 죄를 지은 사람을 가두어 두는 곳 : ____________

(4) 돌이나 흙, 쓰레기 등을 채워 넣는 곳 : ____________

(5) 쓰레기나 못 쓰는 물건 등을 불에 태워 버리는 곳 : ____________

3. 알맞은 것을 골라 대화를 완성하세요.

눈감아 주다	낯이 두껍다	시치미를 떼다

(1) A: 어린이 보호 구역에서 과속하셨습니다. 벌금 5만 원에 벌점 20점입니다.

B: 죄송합니다. 한 번만 ____________ 다음부터는 절대 과속하지 않겠습니다. 오늘은 정말 어린이 보호 구역 표지를 못 봤습니다.

(2) A: 너 수진 씨랑 사귀지?

B: 아니야, 무슨 소리야!

A: ____________. 어제 내가 분명히 너희 둘이 손잡고 걸어가는 걸 봤어.

(3) A: 옆집 아주머니가 자꾸 쓰레기를 골목에 버려서 그러지 말라고 말을 했더니 남의 일에 상관하지 말라고 하는 거예요.

B: 정말 ____________ 사람이군요. 부끄러운 걸 모르네요.

준비합시다

01 -길래

1. 알맞은 것을 찾아 연결하고 문장을 완성하세요.

이유	행동
보기 친구가 통화중이었다	메시지를 남겼다
(1) 사무실의 컴퓨터가 고장 났다	① 먹어 봤는데 별로였다
(2) 친구가 갈비가 맛있다고 했다	② 컴퓨터를 고쳐 달라고 했다
(3) 중학생이 담배를 피우고 있었다	③ 그러지 말라고 주의를 주었다

보기 친구가 통화중이길래 메시지를 남겼다.

(1) ______________________________.

(2) ______________________________.

(3) ______________________________.

2. 알맞은 것을 골라 대화를 완성하세요.

예쁘다	졸리다	금지하다

(1) A: 못 보던 코트네. 새로 샀어?

B: 응, 친구가 입은 코트가 정말 ______________ 나도 하나 샀어.

(2) A: 왜 오늘은 버스를 안 타고 지하철을 타고 왔어요?

B: 신촌 사거리에서 차량 통행을 ______________ 지하철을 탔어요.

(3) A: 왜 이렇게 빈 커피잔이 많아요?

B: 아까 일하다가 너무 ______________ 제가 여러 잔 마셨거든요.

02 -(으)ㄴ/는데도

1. 알맞은 것을 골라 대화를 완성하세요.

맛있다	어렵다	지나다

(1) A: 이 케이크는 왜 잘 안 팔리죠? 맛이 별로인가 봐요.

B: 아니요. ______________________ 잘 안 팔려요. 아마 모양이 좀 예쁘지 않아서 그런가 봐요.

(2) A: 아까 그 손님하고 무슨 문제가 있었어요? 큰 소리가 나던데요.

B: 그 손님이 환불 기간이 ______________________ 환불해 달라고 우기는 바람에 그랬어요.

(3) A: 이번 전시회에 어린 학생들이 관람을 많이 오네요.

B: 이 전시회가 이해하기 ______________________ 많이 오는 걸 보면 학생들이 좋아하는 뭔가가 있나 봐요.

2. 알맞은 것을 골라 ◯표 하세요.

(1) A: 어제 마라톤 봤어요? 우리나라 대표 선수가 중간에 넘어졌다면서요?

B: 네. 그래서 다리를 (다치는데도, 다쳤는데도) 끝까지 뛰어서 박수를 받았어요. 정말 멋있지 않아요?

(2) A: 저 식당은 왜 저렇게 손님이 많아요? 양이 적어서 배도 안 부르던데요.

B: TV에 몇 번 소개된 후에 유명해져서 양이 (적은데도, 적었는데도) 손님들이 끊이지 않아요.

(3) A: 겨울을 왜 그렇게 싫어해요? 추워서 그런 거면 옷을 많이 입으면 되잖아요.

B: 저는 겨울마다 항상 내복을 (입는데도, 입었는데도) 너무 추워요. 정말 겨울이 싫어요.

03 조차

1. 알맞은 것을 찾아 연결하고 문장을 완성하세요.

문자	점심	세수

8월 9일, 날씨 맑음

오늘도 일찍 일어났다. 어제도 야근하느라 집에 늦게 들어 왔는데 오늘도 일이 많아서 어쩔 수 없이 일찍 일어나야 했다. 씻을 시간도 없어서 (1)__________ 못 하고 회사로 향했다. 몸도 마음도 너무 피곤하다. 회사에서도 어찌나 일이 많은지 (2)__________ 못 먹었다. 친구한테 연락하기로 했는데 너무 바빠서 (3)__________ 못 보냈다. 그래도 결국 일이 끝나지 않아서 또 야근을 했다. 이제 더 이상 회사에 다니기 힘들 것 같다. 내일은 회사에 말해야겠다

2. 알맞은 것을 골라 대화를 완성하세요.

뜨다	보다	생각하다

(1) A: 아무리 졸려도 밥은 먹어야지. 조금이라도 먹어 봐.

B: 일주일 동안 한숨도 못 자고 보고서를 썼더니 정말 눈을 __________ 힘들어. 먼저 좀 자고 나서 먹을게.

(2) A: 이번 시험에 떨어지면 어떻게 할 거야? 내년에 다시 한 번 볼 거야?

B: 떨어진다는 건 __________ 싫어. 우리 다른 이야기하면 안 될까?

(3) A: 비가 너무 많이 오네요. 이래서 운전할 수 있겠어요?

B: 그러게요. 비가 많이 와서 이렇게 앞을 __________ 힘든데 운전하는 건 무리겠어요.

3. 다음에서 알맞은 것을 골라 ⬭ 표 하세요.

(1) A: 수미 씨, 안색이 너무 안 좋아 보여요. 어디 아파요?

B: 사흘 동안 계속 밤을 새웠더니 지금 너무 피곤해서 서 있기(조차, 마저) 힘들어요.

(2) A: 마틴 씨, 민수 씨하고 어느 정도로 사이가 안 좋은 거예요?

B: 저희는 보기만 해도 싸워서 같이 앉아 있기(조차, 마저) 싫은 사이예요.

(3) A: 요즘 경제가 안 좋아서 집집마다 생활이 어렵다고 들었어요.

B: 네. 저도 월급이 많이 줄어서 쌀(조차, 마저) 사기 힘든 형편이에요.

(4) A: 아버지 사업은 잘되고 있나요?

B: 아니요. 얼마 전에 큰 빚을 져서 마지막으로 남은 집(조차, 마저) 팔아야 했어요.

(5) A: 수미 씨, 요즘 심한 감기에 걸렸다면서요? 몸은 좀 괜찮아졌어요?

B: 아니요. 아직도 목이 너무 아파서 물(조차, 마저) 마실 수 없어요. 일주일째라서 정말 힘드네요.

(6) A: 그 집은 아이들이 다 미국에 가 있나 봐요?

B: 네. 첫째, 둘째가 먼저 미국으로 갔고 올해 막내(조차, 마저) 미국으로 유학 가서 한국에는 부모님만 남아 있대요.

(7) A: 추석 연휴인데 오늘 영업하시네요.

B: 연휴라 수요일, 목요일 다 쉬었는데 금요일(조차, 마저) 쉴 수는 없지요. 너무 오래 쉬면 손님들이 싫어해요.

(8) A: 왕단 씨, 왕단 씨 언니도 한국어를 공부한다고 했지요?

B: 네. 공부를 시작한 지 두 달쯤 됐어요.

A: 그러면 이제 한국어로 의사소통은 하겠네요.

B: 아니요. 열심히 공부를 하지 않아서 아직도 간단한 인사말(조차, 마저) 하지 못해요.

말해 봅시다

1. 다음 물음에 답하세요.

(1) 생활비가 부족하다는 것을 어떻게 말할까요?

A: 수진 씨, 무슨 걱정 있어요? 얼굴이 안 좋아 보여요.
B: ______________________________.

① 이번 달 생활비가 벌써 바닥이 났어요
② 생활비를 한두 푼 아껴서 될 일이 아니에요
③ 생활비가 빠듯하지만 아직은 조금 여유가 있어요

(2) 잘못된 소비 습관을 고치기 어려울 때 어떻게 말할까요?

A: 사라 씨, 또 고가품을 샀군요.
B: ______________________________.

① 다시는 비싼 물건을 사지 않기로 했어요
② 굳게 마음을 먹으면 반드시 고칠 수 있어요
③ 비싼 물건을 사지 않으려고 아무리 결심해 봤자 소용없어요

(3) 지출을 줄일 수 있는 방법을 조언할 때 어떻게 말할까요?

A: 지출을 줄여야 하는데 어떻게 해야 할까요?
B: ______________________________?

① 사고 싶은 게 생기면 일단 사고 보면 어때요
② 당분간은 백화점은 아예 발을 끊는 게 어때요
③ 그렇게 지출을 많이 하면 생활비가 부족하지 않아요

메모

2. 다음 대화를 완성해 보세요.

사라 수진 씨, 저 이번 달에도 벌써 생활비가 다 떨어져 버렸어요.

수진 왜요? 무슨 일 있었어요?

사라 지난 주말에 친구가 혼수를 준비한다고 하길래 따라갔다가 저도 이것저것 좀 샀거든요.

수진 사라 씨, 또 충동구매를 했군요.

사라 네, 다시는 충동구매하지 않겠다고 굳게 다짐을 하는데도 그때뿐이에요. 이 습관을 고쳐야 하는데 어떻게 해야 할까요?

수진 당분간 친구들하고는 같이 쇼핑을 안 하는 게 어때요? 친구가 쇼핑하는 것을 보면 아무래도 사고 싶어질 테니까요.

사라 그게 좋겠어요. ⓐ ______________________?

수진 아니에요. 사실 저도 요즘 생활비가 너무 들어서 걱정이에요.

사라 왜요? 수진 씨는 쇼핑을 잘 안 하잖아요.

수진 네, 저는 쇼핑을 자주 안 하는 대신에 한 번 살 때 자꾸 비싼 것을 사게 돼요. 이번에도 TV를 바꿨는데 매장에서 제일 비싼 것으로 샀어요.

사라 그래요? 그럼 수진 씨는 먼저 가격을 정해 놓고 가격에 맞춰서 물건을 사는 게 어때요?

수진 글쎄요. 좋은 방법이긴 한데 제가 할 수 있을지 모르겠어요.

(1) ⓐ에 들어갈 말로 알맞지 **않은** 것은 무엇입니까?

① 수진 씨는 이런 걱정이 없죠　　② 수진 씨는 생활비가 넉넉하죠

③ 수진 씨는 어떤 걱정이 있어요

(2) 사라가 지난 주말에 쇼핑을 한 이유는 무엇입니까?

① 친구의 결혼 선물을 사려고　　② 친구가 필요한 물건을 사다 달라고 해서

③ 친구의 결혼 준비에 따라 갔다가 충동적으로

(3) 대화의 내용과 **다른** 것은 무엇입니까?

① 사라는 이번 달에 생활비가 충분하지 않다.

② 수진은 물건을 가끔 사지만 살 때는 비싼 것을 사는 편이다.

③ 수진은 자신의 소비 습관을 고칠 수 있다고 확신을 가지고 있다.

읽어 봅시다

1. 다음은 소비자의 유형에 대한 글입니다. 다음을 읽고 물음에 답하세요.

당신의 소비 성향은?

우리는 거의 매일 무엇인가를 산다. 사람들은 별 생각 없이 물건을 사는 것 같지만 사실은 사람마다 어떤 성향이 있다고 한다. 한 소비 분석가는 소비 성향에 따라 아홉 가지의 유형으로 소비자를 나누었다.

먼저 '소비 중독자'가 있다. '소비 중독자'는 살 수 있다면 모든 것을 사는 사람이다. 내일보다 오늘이 중요하고 할 수 있다면 언제나 돈을 지출한다. '노스탤지어 소비자'는 새로운 상품보다는 자신이 예전부터 사고 싶었던 것이나 사용해 보고 아주 만족했던 상품만을 선택한다. '공룡소비자'는 필요한 것을 대부분 살 수 있고 상품의 유혹에도 쉽게 빠지는 사람들이다. '반어적 소비자'는 기존의 소비 형태를 거부하고 새로운 아이디어를 추구하는 사람이다. 이 네 가지 유형은 소비를 많이 하기 때문에 판매자에게 큰 이익을 가져다주는 유형이다.

'하락 소비자'는 소득은 정해져 있고 지출은 많기 때문에 원하는 것이 있는데도 포기해야 하는 경우가 많은 사람이다. '억눌린 소비자'는 미래를 위해 지금 필요한 것조차 사지 않고 검소한 생활을 하는 소비자이다. '모라토리엄 소비자'는 신상품이 나와도 성급하게 구입하지 않고 가격이 떨어질 때까지 여유롭게 기다릴 줄 아는 사람이다. '소비 거부자'는 자신이 가지고 있는 것에 만족하면서 더 이상 쓸데없는 소비를 하지 않으려는 유형이며 '가격 중독자'는 가장 싼 가격으로 물건을 사려고 하는 사람이다. 이 다섯 가지 유형은 소비를 하기는 하지만 판매자에게 큰 이익은 가져다주지 않는 유형이다.

당신은 어느 유형에 속하는가? 자신의 유형을 파악하면 자신이 처한 상황에서 현명한 소비자가 되는 데 도움이 될 것이다. 다음에 쇼핑을 가면 자신이 어떻게 소비를 하는지 객관적으로 살펴보면 어떨까.

(1) 이 글의 서술 방식으로 맞는 것은 무엇입니까?

① 소비자를 여러 유형으로 분류하고 있다.

② 소비자의 유형을 시간의 순서대로 서술하고 있다.

③ 소비자의 유형을 비교하여 장단점을 파악하고 있다.

(2) 다음 사람은 어떤 유형인지 보기 에서 골라 쓰세요.

보기 ⓐ 소비 거부자 ⓑ 노스탤지어 소비자 ⓒ 모라토리엄 소비자

① 깨우: 전부터 써 온 화장품 브랜드를 5년째 사용하고 있다. (   )

② 사라: 최신형 휴대폰 가격이 곧 떨어질 테니까 몇 달 뒤에 사기로 했다. (   )

③ 수진: 예쁜 치마를 봤지만 집에 있는 치마로 충분하다고 생각하고 사지 않았다. (   )

2. 다음은 소비 성향에 대한 설문 조사 그래프입니다. 읽고 물음에 답하세요.

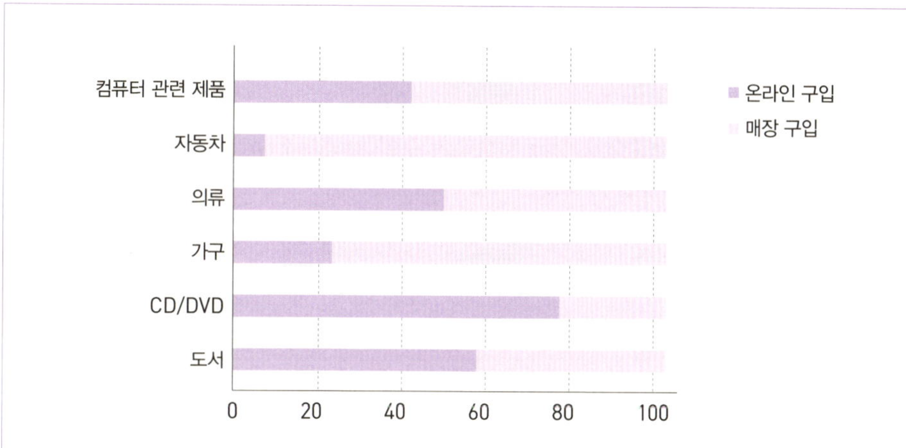

(1) 이 설문 조사의 질문으로 적당한 것은 무엇입니까?

① 다음 중 구입 후 만족도가 가장 높은 것은 무엇입니까?

② 다음 물건은 온라인과 매장 중 어디에서 주로 구입하십니까?

③ 다음 물건 중 온라인으로 구입해서 피해를 본 물건은 무엇입니까?

(2) 이 그래프에 대한 설명으로 맞지 **않는** 것은 무엇입니까?

① 의류는 온라인과 매장 구입 비율이 비슷하다.

② 사람들은 자동차를 거의 대부분 매장에서 산다.

③ 온라인으로 구입하는 비율이 가장 높은 것은 도서다.

써 봅시다

다음은 인구를 분산시키는 방법입니다. 다음을 읽고 주장의 글을 완성하세요.

지방으로 인구를 분산시키려면

지방에 일자리를 늘리기 위한 정책을 세워야 하고,
지방 대학에 지원을 충분히 해야 하고,
지방에 편의 시설을 많이 만들어야 해요.

서울의 인구 집중 해소 방안

옛말에 말은 제주도로 보내고 사람은 서울로 보내라는 말이 있다. 서울에 살면 보고 배울 것이 많아서 큰 사람으로 성장하는 데 도움이 되기 때문일 것이다. 그래서일까? 서울은 세계 어느 도시보다도 인구 밀도가 높다. 1970년대부터 계속된 서울의 인구 집중으로 인해 서울은 인구가 지나치게 늘고 있는 반면에 지방은 인구가 감소하고 경제가 나빠지고 있다.

이렇게 서울에 인구가 집중되는 데에는 여러 가지 이유가 있다. 무엇보다 서울에는 기업이나 정부 기관이 많이 있어 어느 도시보다 일자리가 많다. 그뿐만 아니라 학생들이 진학하고 싶어 하는 우수한 대학교도 서울에 집중되어 있다. 서울에는 의료 시설이나 문화 시설 등도 지방 도시보다 훨씬 많다.

그렇다면 서울의 인구 집중을 해소할 수 있는 방법은 무엇일까? 근본적인 해결 방법은 지방으로 인구를 분산시키는 것이고 그러기 위해서는 정부의 역할이 중요하다.

___

___

___

___

___

정부가 나서서 적극적으로 행동해야 서울의 인구 집중을 막고 전국을 균형 있게 발전시킬 수 있을 것이다.

토의해 봅시다

다음은 경쟁을 하는 올바른 자세에 대한 토의의 한 부분입니다. 읽고 물음에 답하세요.

A: 경쟁이 자기 계발의 기회가 될 수 있다는 것은 경쟁의 긍정적인 면이라고 생각합니다. 다른 사람보다 나은 결과를 얻기 위해 최선을 다하고 다양한 방법을 시도해 보는 것을 통해 발전할 수 있다고 생각합니다. 경쟁이 없다면 아무래도 노력을 덜 하게 되고 그러면 게을러지기 마련이니까요.

B: 경쟁이 개인의 발전에는 ⓐ도움이 된다는 말씀이시지요?

A: 네. 단, 경쟁하면서 발전해 가는 전체 과정도 중요시한다는 것을 전제로 했을 때를 말합니다. 노력하는 과정에서 얻는 것도 많은데 결과만 중요하게 평가하면 사람들은 이기는 것에만 집중하게 됩니다.

B: 맞는 말씀입니다. 결과만 중요시 하면 다른 사람을 이겨야 된다는 생각으로 옳지 않은 방법까지 동원해서 경쟁하는 사람들이 생길 수도 있습니다.

A: 네, 그렇죠. 그러니까 경쟁을 하더라도 지나치게 결과에 집착하지 말고 노력하는 것만으로도 의미가 있다고 생각해야 현대 경쟁 사회에서 건강하게 살 수 있을 것입니다.

(1) 밑줄 친 ⓐ와 바꿔 쓸 수 **없는** 표현은 무엇입니까?

① 도움이 된다고 하시지는 않으셨지요? ② 도움이 된다고 말씀하셨는데 맞습니까?

③ 도움이 된다는 뜻으로 이해해도 되겠습니까?

(2) 두 사람이 말하려고 하는 것은 무엇입니까?

① 경쟁할 때 결과에 집착해야 좋은 결과를 얻을 수 있다.

② 경쟁을 통해서 개인은 발전할 수도 있고 게을러질 수도 있다.

③ 경쟁에서 이기지 못해도 노력하는 과정에서 얻은 것이 있다면 의미 있는 삶이다.

(3) 두 사람이 자신의 의견을 제시하는 방법으로 맞는 것은 무엇입니까?

① A와 B는 서로의 의견에 동의하며 의견을 덧붙이고 있다.

② A와 B는 각각 자료를 인용해 서로의 의견을 뒷받침해 주고 있다.

③ A와 B는 서로 경쟁에 대한 반대 의견을 계속해서 제시하고 있다.

정답

제1과 만남과 관계

어휘

1. (1) 형성하기　(2) 극복하고　(3) 공유하니까　(4) 부당한　(5)겸손하게　(6) 유지하기

2. (1) 뚜렷이　(2) 곰곰이　(3) 드디어

3. (1) 눈살을 찌푸리는　(2) 낯이 익다고　(3) 낯을 가리는

준비합시다

01 -더니

1. (1) ⑥　(2) ②　(3) ⑤　(4) ③　(5) ①　(6) ④

(1) 동생이 어제는 집에만 있더니 오늘은 아침 일찍부터 외출을 했다
(2) 친구가 어제는 많이 우울해 보이더니 오늘은 기분이 좋아 보인다
(3) 수진이 학생 때는 영어를 잘 못하더니 지금은 영어를 모국어처럼 잘한다
(4) 유키가 작년에는 책을 열심히 읽더니 올해는 책을 별로 읽지 않는다
(5) 이 식당이 예전에는 값도 싸고 맛있더니 지금은 예전만큼 맛있지 않다
(6) 마틴이 처음 한국에 왔을 때는 김치를 못 먹더니 이제는 한국 사람만큼 잘 먹는다

2. (1) 한산하더니　(2) 무뚝뚝하더니　(3) 소극적이더니

3. (1) 먹더니　(2) 모으더니　(3) 즐기더니　(4) 많더니　(5) 흐리더니

02 -(으)ㄴ/는 대로

1. (1) 아는 대로　(2) 본 대로　(3) 부르는 대로　(4) 계획한 대로

2. (1) 사실대로　(2) 예상대로　(3) 설명대로　(4) 순서대로

03 -(으)ㄴ/는/(으)ㄹ 듯(이)

1. (1) 내릴 듯이　(2) 아는 듯이　(3) 난 듯이

2. (1) 될 듯이 기뻐했어요
(2) 날아갈 듯이 마음이 가벼워요
(3) 쥐 죽은 듯이 조용해요
(4) 씻은 듯이 나았어요

말해 봅시다

1. (1) ③　(2) ②　(3) ②
2. (1) ①　(2) ②　(3) ②

읽어 봅시다

1. (1) ②　(2) ②　(3) ①
2. (1) ①　(2) ②

써 봅시다

왕은 화가 나서 공주를 궁궐 밖으로 쫓아냈다. 쫓겨난 공주는 온달을 찾아가 결혼을 했다. 그리고 온달에게 글을 가르치고 무술도 열심히 익히도록 했다. 온달은 공주의 도움으로 뛰어난 실력을 갖추게 되었다. 몇 년 후 온달은 나라에서 여는 무술 대회에 참가하여 일등을 했다. 왕은 일등을 한 사람이 공주의 남편인 온달인 것을 알고 뛸 듯이 기뻐했다.

토의해 봅시다

(1) ②　(2) ①　(3) ①

제2과 문제와 해결

어휘

1. (1) 절차　(2) 하자　(3) 소송　(4) 반품　(5) 사유　(6) 규정

2. (1) ①　(2) ②

3. (1) 눈앞이 캄캄했(었)는데　(2) 골치가 아파요　(3) 내 코가 석 자야

준비합시다

01 -는 한

1. (1) 맡고 있는 한　(2) 옆에 있는 한　(3) 포기하지 않는 한　(4) 가입되어 있는 한

2. (1) 돌아가지 않는 한　(2) 사과하지 않는 한　(3) 적어 놓지 않는 한

02 -았/었더니

1. (1) ①　(2) ⑤　(3) ④　(4) ⑥　(5) ②　(6) ③　(7) ⑦

(1) 창문을 열어 놓고 잤더니 감기에 걸렸다
(2) 그 사람을 직접 만나 봤더니 생각보다 좋은 사람이었다
(3) 지나가는 사람에게 길을 물었더니 친절하게 알려 주었다
(4) 일을 끝내고 밤늦게 집에 들어갔더니 가족들은 모두 잠들어 있었다
(5) 오랫동안 미뤄 두었던 대청소를 했더니 집 안이 환해졌다
(6) 예전에 즐겨가던 식당에 오랜만에 찾아갔더니 내부 수리 중이었다
(7) 다음 주말에 제주도에 가려고 여행사에 문의했더니 비행기 표가 모두 매진되었다고 했다

2. (1) 전화했더니　(2) 얘기했더니　(3) 알아봤더니

3. (1) 쳤더니　(2) 쓰더니　(3) 먹더니　(4) 다녀왔더니

03 -(으)며

1. (1) ②　(2) ③　(3) ①

(1) 이 식당은 분위기가 좋으며 음식 맛도 뛰어나다
(2) 우리 언니는 낮에는 회사에 다니며 밤에는 학원에서 아이들을 가르친다
(3) 한국의 공공 기관은 평일 오전 9시부터 오후 6시까지 문을 열며 토요일에는 닫는다

2. (1) 편의 시설이 많으며
(2) 서류를 내야 하며
(3) 사회봉사를 해 왔으며

말해 봅시다

1. (1) ③ (2) ① (3) ③

2. (1) ② (2) ① (3) ③

읽어 봅시다

1. (1) ③ (2) ③ (3) ① (4) ②

2. (1) ② (2) ③

써 봅시다

다른 사람과 함께 이용하는 시설도 내 것처럼 소중히 다룰 줄 알아야 한다. 더러워진 의자나 책을 막상 자신이 이용하게 된다면 얼마나 기분이 나쁘겠는가. 당장 나만 편하게 사용하면 그만이라는 생각을 버리고 다음에 이용하게 될 사람을 배려하여 교내 시설 이용 시 조금만 더 신경을 썼으면 하는 바람이다. 그렇게 하면 모두가 좀 더 쾌적한 학교생활을 누릴 수 있을 것이다.

토의해 봅시다

(1) ② (2) ③ (3) ③

제3과 TV와 생활

어휘

1. (1) 식상해서 (2) 참신한 (3) 유해하다는 (4) 충족시키기 (5) 일으키는 (6) 유익한

2. (1) ② (2) ③

3. (1) 눈 뜨고 볼 수 없었어요 (2) 눈에 거슬리는 (3) 낯이 뜨거워서

준비합시다

01 치고

1. (1) 게으른 사람치고 성공하는 사람은 없다
(2) 동물을 좋아하는 사람치고 착하지 않은 사람은 없다
(3) 요즘 대학생들치고 어학연수 다녀오지 않는 학생은 없다

2. (1) 겨울치고 (2) 모델치고 (3) 한국 사람치고

02 에 따라

1. (1) 지방에 따라 (2) 무게에 따라 (3) 환경에 따라 (4) 크기에 따라
(5) 기호에 따라 (6) 종류에 따라 (7) 계절에 따라

2. (1) ④ (2) ③ (3) ① (4) ⑦ (5) ⑤ (6) ② (7) ⑥

(1) 점점 나이가 듦에 따라 건강에 대한 관심도 높아졌다
(2) 휴가철이 가까워짐에 따라 호텔 예약하기도 힘들어졌다
(3) 일회용품 사용이 증가함에 따라 쓰레기 양도 늘어났다
(4) 초고속 인터넷이 보편화됨에 따라 지식과 정보를 공유하는 일도 편해졌다
(5) 겨울에서 봄으로 계절이 바뀜에 따라 사람들의 옷차림도 눈에 띄게 가벼워졌다
(6) 자동차를 보유한 사람이 많아짐에 따라 주차 문제도 심각해졌다
(7) 경제난으로 많은 기업들이 문을 닫음에 따라 실업자 수도 작년에 비해 큰 폭으로 증가했다

03 -더라도

1. (1) 말을 하더라도 (2) 잘하더라도 (3) 힘들더라도

2. (1) 나더라도 (2) 들었더라도 (3) 늦더라도 (4) 부르더라도

말해 봅시다

1. (1) ① (2) ③ (3) ①

2. (1) ② (2) ① (3) ①

읽어 봅시다

1. (1) ③ (2) ② (3) ①

2. (1) ③ (2) ②

써 봅시다

또한 인기를 끌기 위해 전문 연기자가 아닌 스타들을 출연시키는 경우가 있는데 이런 스타들은 외모는 뛰어나지만 연기력은 형편없는 경우가 많다. 그래서 시청자들이 내용에 집중하기 힘들 때가 있다. 스타의 매력적인 모습으로 젊은 시청자들의 눈을 사로잡을 수는 있겠지만 그들의 부자연스러운 연기는 시청자들이 드라마 내용 속에 빠져드는 데 방해가 된다. 그렇게 되면 아무리 멋있는 스타가 나오더라도 시청자들은 드라마가 주는 재미와 감동을 느낄 수 없게 될 것이다.

토의해 봅시다

(1) ② (2) ② (3) ③

제4과 진로와 직업

어휘

1. (1) 이직하는 (2) 실현할 (3) 파악할 (4) 탐색하고 (5) 추구하게 (6) 채용할

2. (1) ③ (2) ②

3. (1) 속이 타는데 (2) 발 뻗고 잘 수 있겠네요 (3) 물 건너갔어요

준비합시다

01 –아/어 봤자

1. (1) 지어 봤자 (2) 노력해 봤자 (3) 키워 봤자 (4) 정해 봤자

2. (1) ② (2) ③ (3) ①

(1) 적금을 부어 봤자 은행 이자가 낮아서 수익을 얻지 못할 것이다
(2) 백화점에 가 봤자 세일 기간이 끝나서 물건을 싸게 살 수 없을 것이다
(3) 사실을 말해 봤자 그동안 거짓말을 자주 해서 사람들이 믿지 않을 것이다

02 –아/어 두다

1. (1) 세워 두기로 (2) 읽어 둘 (3) 생각해 둔/생각해 두었던 (4) 적어 두는

2. (1) 사 두어서 (2) 충전해 두면/충전해 두는 게 (3) 담가 두는 (4) 받아 둬 (5) 공부해 두는 (6) 들어 둔 (7) 봐 두지

03 –(으)ㄴ 끝에

1. (1) ③ (2) ① (3) ②

(1) 부모님을 며칠 동안 설득한 끝에 유학 가도 좋다는 허락을 받았다
(2) 여러 차례 진학 설명을 들은 끝에 진학할 학교와 학과를 결정했다
(3) 친구와 밤새워 이야기를 나눈 끝에 그동안의 오해를 풀고 화해했다

2. (1) 실패 끝에 (2) 심사숙고 끝에 (3) 고생 끝에

말해 봅시다

1. (1) ③ (2) ① (3) ③

2. (1) ① (2) ② (3) ①

읽어 봅시다

1. (1) ② (2) ③ (3) ③

2. (1) ② (2) ①

써 봅시다

3차 산업은 1, 2차 산업에서 생산된 물품을 소비자에게 판매하거나 서비스를 제공하는 산업이다. 이 산업에는 사람이나 물건을 나르는 운수업, 우편, 전화, 신문 등으로 소식을 전하는 통신업, 서비스업 등이 있다. 서비스업에도 여러가지가 있는데 무역, 금융, 보험, 교육과 관련된 직업과 미용업, 숙박업 등이 여기에 속한다.

토의해 봅시다

(1) ① (2) ③ (3) ②

제5과 여행과 축제

어휘

1. (1) 성수기　(2) 명상　(3) 재충전　(4) 부대시설　(5) 보존　(6) 심신

2. (1) 구애를 받지 않고　(2) 한발 앞서　(3) 각광을 받고

3. (1) 눈에 선해요　(2) 발이 묶여서　(3) 바가지를 쓰지

준비합시다

01 -거든

1. (1) 생각나거든　(2) 걱정되거든　(3) 합격하거든　(4) 미끄럽거든

2. (1) ②　(2) ①　(3) ③
   (1) 전자사전을 안 쓰거든 한 학기만 빌려줘
   (2) 써 보고 효과가 있거든 소문을 많이 내 주세요
   (3) 팔다 남은 옷이 있거든 고아원에 보내게 기부해 주세요

3. (1) 빼려거든　(2) 보고 싶거든　(3) 가야겠거든　(4) 안 샀거든

02 -(으)ㄹ 겸

1. (1) 맛있는 것도 먹을 겸
   (2) 다른 사람도 도울 겸
   (3) 취업 정보도 얻을 겸

2. (1) 에너지도 아낄 겸 환경도 보호할 겸 / 환경도 보호할 겸 에너지도 아낄 겸
   (2) 건강도 챙길 겸 몸매도 가꿀 겸 / 몸매도 가꿀 겸 건강도 챙길 겸

03 -(으)ㄴ/는 탓

1. (1) ③　(2) ①　(3) ②
   (1) 요즘 노래가 너무 빠른 탓에 따라 부를 수 있는 노래가 없다
   (2) 보통 사람보다 발이 너무 큰 탓에 맞는 구두를 사기가 쉽지 않다
   (3) 어제 지나치게 운동을 많이 한 탓에 오늘 하루 종일 다리가 아프다

2. (1) 내 탓이야　(2) 나이 탓에　(3) 날씨 탓에

말해 봅시다

1. (1) ③ (2) ② (3) ③

2. (1) ③ (2) ③ (3) ②

읽어 봅시다

1. (1) ② (2) ③ (3) ③

2. (1) ① (2) ②

써 봅시다

먼저 조선의 건축 형식을 따른 전통적인 건물들이 있다. 덕수궁은 원래 개인의 집이었다가 나중에 궁으로 쓰이기 시작했기 때문에 규모는 다른 궁에 비해 작다. 그렇지만 전통적인 건물들은 다른 궁들과 마찬가지로 아름답고 고풍스럽다. 더 안쪽으로 들어가면 전통적인 건물과 나란히 서 있는 서양식 건물들이 보인다. 조선 말기에 건축된 이 서양식 건물은 이 시기가 나라의 문을 열고 외국과 교류를 시작하던 시기였음을 설명해 주고 있다.

토의해 봅시다

(1)① (2) ③ (3) ①

제6과 음식과 건강

어휘

1. (1) 재배　(2) 발효　(3) 함량　(4) 가공　(5) 유기농　(6) 성분

2. (1) 보글보글　(2) 노릇노릇　(3) 지글지글

3. (1) 간에 기별도 안 갈　(2) 입이 짧았(었)는데　(3) 군침이 도네요/군침이 돌아요

준비합시다

01 -(으)ㄴ/는 셈이다

1. (1) 지내는 셈이에요/지내는 셈이죠　(2) 읽은 셈이라고　(3) 막는 셈이네요
   (4) 쓴 셈이에요/쓴 셈이네요　(5) 성공한 셈이라는　(6) 그런 셈이죠

02 -듯이

1. (1) 있듯이　(2) 다르듯이　(3) 변하듯이

2. (1) 만나듯이　(2) 모르듯이　(3) 알았듯이　(4) 말했듯이

3. (1) 이 잡듯이 찾았는데/이 잡듯이 찾아도
   (2) 제 집 드나들듯이 해서
   (3) 거짓말을 밥 먹듯이 하는
   (4) 물 쓰듯이 돈을 쓰면
   (5) 비 오듯이 땀이 나서
   (6) 불 보듯이 뻔해요/불 보듯이 뻔하거든요

03 -고도

1. (1) 새우고도　(2) 사귀고도　(3) 보고도　(4) 찾고도　(5) 달리고도　(6) 일어나고도

말해 봅시다

1. (1) ① (2) ① (3) ②
2. (1) ② (2) ② (3) ②

읽어 봅시다

1. (1) ② (2) ① (3) ①
2. (1) ① (2) ③

써 봅시다

우리도 자리를 잡고 삼겹살을 주문했다. 주변에서 나는 고기 굽는 냄새 때문에 기다리는 동안 입 안에 저절로 침이 고였다. 조금 후, 삼겹살이 나왔다. 뜨거워진 솥뚜껑 위에 고기를 놓자마자 고기가 지글지글 소리를 내며 구워지기 시작했다. 솥뚜껑의 특징은 고기가 구워지면서 생기는 기름을 아래로 흐르게 하는 것이었다. 구워진 고기는 기름기가 쪽 빠져서 바삭바삭했다. 쫄깃쫄깃하면서도 바삭바삭한 고기를 입 안에 넣을 때마다 행복했다.

토의해 봅시다

(1) ③ (2) ③ (3) ①

제7과 명절과 기념일

어휘

1. (1) 수확할 (2) 중시하기 (3) 풍성해요 (4) 벌였(었)는데 (5) 유래됐다고 (6) 북적여서

2. (1) ② (2) ①

3. (1) 녹초가 되어(서) (2) 손꼽아 기다렸는지 (3) 손이 모자랄까 봐(서)

준비합시다

01 -(으)ㄴ/는가 하면

1. (1) 좋은가 하면 (2) 만드는가 하면 (3) 걸리는가 하면 (4) 뛰어난가 하면
   (5) 듣는가 하면 (6) 힘든가 하면

2. (1) 도착했는가 하면 (2) 아는가 하면 (3) 올라갔는가 하면

02 -고자

1. (1) ③ (2) ② (3) ①
   (1) 신입 사원을 채용하고자 홈페이지에 모집 공고를 냈다
   (2) 우수한 학생을 유치하고자 장학금과 생활비를 제공했다
   (3) 취업 준비생들에게 정보를 제공하고자 취업 정보 사이트를 만들었다

2. (1) 성공하고자 (2) 향상시키고자 (3) 극복하고자 (4) 돕고자

3. (1) 이루고자 하는 (2) 말씀드리고자 합니다 (3) 시작하고자 합니다 (4) 응시하고자 하는

03 -기 마련이다

1. (1) ③ (2) ① (3) ⑤ (4) ② (5) ⑦ (6) ④ (7) ⑥
   (1) 과식을 하면 소화가 안 되기 마련이다
   (2) 한 물건만 계속 쓰면 금방 닳기 마련이다
   (3) 너무 오랫동안 망설이면 좋은 기회를 놓치기 마련이다
   (4) 성급하게 유학을 결정하면 후회가 따르기 마련이다
   (5) 밤에 음악을 크게 틀어 놓으면 옆집에서 시끄럽다고 항의가 들어오기 마련이다
   (6) 불규칙적인 생활을 몇 개월 동안 계속 하면 건강이 나빠지기 마련이다

(7) 지금까지 학교에서 일등을 한 번도 놓친 적이 없으면 부모님이 거는 기대가 크기 마련이다

말해 봅시다

1. (1) ③ (2) ② (3) ③

2. (1) ② (2) ② (3) ③

읽어 봅시다

1. (1) ③ (2) ③ (3) ②

2. (1) ③ (2) ③

써 봅시다

동지에는 가정마다 꼭 팥죽을 끓여 먹는데 동지 팥죽은 절식이기도 하지만 악귀를 쫓는다는 의미도 담겨 있다. 옛날 사람들은 팥의 붉은 색이 집안의 나쁜 기운을 모두 내보낸다고 믿었기 때문에 집안의 나쁜 기운을 쫓아내고자 팥죽을 다 만들면 먼저 집안 곳곳에 놓아 두었다가 식은 다음에 식구들이 모여서 먹었다. 동지 팥죽에는 찹쌀을 새알만 한 크기로 빚은 새알심을 넣어 끓여서 나이만큼 먹는데 여기서 '동지 팥죽을 먹어야 한 살 더 먹는다'라는 옛말이 생겨났다.

토의해 봅시다

(1) ③ (2) ② (3) ③

제8과 결혼

어휘

1. (1) 혼수　(2) 하객　(3) 양가　(4) 예물　(5) 주례　(6) 양육

2. (1) ②　(2) ①

3. (1) 국수를 먹겠네요/국수를 먹겠군요　(2) 바가지를 긁지

(3) 눈에 콩깍지가 씌면/눈에 콩깍지가 씌어서

준비합시다

01 여간 -지 않다

1. (1) ②　(2) ①　(3) ③

(1) 상사에게 무시를 당해서 기분이 여간 불쾌하지 않다
(2) 송편 반죽에 찹쌀을 넣어서 여간 쫄깃쫄깃하지 않다
(3) 매주 한 번씩 잔디를 깎아야 해서 관리하기가 여간 귀찮지 않다

2. (1) 여간 어렵지 않아요　(2) 여간 부지런하지 않네요/여간 부지런하지 않군요

(3) 여간 능숙하지 않아요

02 -도록

1. (1) 문턱이 닳도록
(2) 귀에 못이 박히도록
(3) 손이 발이 되도록
(4) 목이 터지도록
(5) 땅이 꺼지도록
(6) 입에 침이 마르도록

2. (1) 밤새도록　(2) 넘도록　(3) 가도록　(4) 저물도록

03 (으)로 인해

1. (1) ③　(2) ②　(3) ①

(1) 밤새 번진 산불로 인해 산에 있던 나무가 다 타 버렸다

(2) 크게 오른 배추 값으로 인해 올해 김장 비용이 많이 들었다
(3) 갑자기 내린 많은 눈으로 인해 출근길 교통이 마비되었다

2. (1) 스트레스로 인한
(2) 부주의로 인한
(3) 햇볕으로 인해
(4) 식생활로 인해
(5) 관중으로 인해
(6) 중독으로 인한

말해 봅시다

1. (1) ① (2) ② (3) ①

2. (1) ① (2) ② (3) ①

읽어 봅시다

1. (1) ① (2) ② (3) ①

2. (1) ② (2) ②

써 봅시다

한편 비싼 호텔 결혼식에 대한 생각을 묻는 질문에 남에게 보여주기 위한 것이라고 생각한다는 응답이 34.2%로 가장 많았지만 경제적인 여유가 되면 하겠다는 응답도 32%를 차지했다. 내가 상관할 일이 아니라고 대답한 사람이 30%로 그 뒤를 이었고 가능한 한 하지 않는 게 좋다고 응답한 사람은 3.8%로 나타났다. 이를 통해 결혼 준비 방법은 각자의 자유이지만 비용을 과하게 지출하는 것을 좋지 않게 보는 사람도 있다는 것을 알 수 있었다.

토의해 봅시다

(1) ③ (2) ② (3) ③

제9과 이웃과 공동체

어휘

1. (1) 모금해서 (2) 기증해서 (3) 절실하게 (4) 희망찬 (5) 왕래해 (6) 훈훈하게

2. (1) 금세 (2) 흔쾌히 (3) 그저

3. (1) 색안경을 끼고 보지 (2) 발 벗고 나서서 (3) 귀를 기울이는

준비합시다

01 -기는커녕

1. (1) (가) (2) (가) (3) (나) (4) (나) (5) (가) (6) (나) (7) (나)

2. (1) 약효는커녕 (2) 전화는커녕 (3) 여행은커녕

02 -다고 해서

1. (1) ③ (2) ① (3) ②

   (1) 날씨가 춥다고 해서 집에만 있으면 오히려 건강에 해롭다
   (2) 다이어트 식품을 먹는다고 해서 살이 저절로 빠지지는 않는다
   (3) 회사에 대한 불만이 있다고 해서 회사를 그만두고 싶은 것은 아니다

2. (1) 출연하지 않았다고 해서 (2) 맡는다고 해서 (3) 결혼했다고 해서

3. (1) 쌍둥이라고 해서 (2) 어린이라고 해서 (3) 의사라고 해서

03 -다가는

1. (1) 피우다가는 (2) 마시다가는 (3) 과속하다가는

2. (1) ③ (2) ① (3) ②

   (1) 또 거짓말을 했다가는 사람들이 더 이상 믿지 않을 것이다
   (2) 한 번 부장님 눈 밖에 났다가는 승진하기 어려울 것이다
   (3) 또다시 교통 법규를 위반했다가는 운전면허가 취소될 것이다

말해 봅시다

1. (1) ② (2) ③ (3) ②

2. (1) ① (2) ② (3) ③

읽어 봅시다

1. (1) ② (2) ③ (3) ①

2. (1) ③ (2) ②

써 봅시다

먼저 사회가 점점 각박해지면서 사람들의 마음에 여유가 없어진 것이 가장 근본적인 원인이라고 생각한다. 마음의 여유가 없다보니 이웃의 교류에 시간을 투자하기는커녕 자신의 일을 돌보는 것도 벅차게 된 것이다. 그러면서 이웃을 알아가고 이해하려는 노력도 하지 않게 되었다. 이웃에게 무관심하게 되면서 관계가 점점 멀어졌고 그저 이웃을 남으로 생각하여 약간의 불편함도 참지 못하고 양보하지 않게 된 것이다.

토의해 봅시다

(1) ② (2) ② (3) ②

제10과 현대 사회와 생활

어휘

1. (1) 공정하게　(2) 검소한　(3) 유치해야 합니다　(4) 집착하지　(5) 감당하기

2. (1) 폐기장　(2) 발전소　(3) 교도소　(4) 매립장　(5) 소각장

3. (1) 눈감아 주시면　(2) 시치미 떼지 마　(3) 낯이 두꺼운

준비합시다

01 -길래

1. (1) ②　(2) ①　(3) ③

(1) 사무실의 컴퓨터가 고장 났길래 컴퓨터를 고쳐 달라고 했다
(2) 친구가 갈비가 맛있다고 하길래 먹어 봤는데 별로였다
(3) 중학생이 담배를 피우고 있길래 그러지 말라고 주의를 주었다

2. (1) 예쁘길래　(2) 금지하길래　(3) 졸리길래

02 -(으)ㄴ/는데도

1. (1) 맛있는데도　(2) 지났는데도　(3) 어려운데도

2. (1) 다쳤는데도　(2) 적은데도　(3) 입는데도

03 조차

1. (1) 세수조차　(2) 점심조차　(3) 문자조차

2. (1) 뜨기조차　(2) 생각하기조차　(3) 보기조차

3. (1) 조차　(2) 조차　(3) 조차　(4) 마저　(5) 조차　(6) 마저　(7) 마저　(8) 조차

말해 봅시다

1. (1) ① (2) ③ (3) ②

2. (1) ③ (2) ③ (3) ③

읽어 봅시다

1. (1) ① (2) ① ⓑ ② ⓒ ③ ⓐ

2. (1) ② (2) ③

써 봅시다

먼저 정부는 지방에 일자리를 늘리기 위한 장기적인 정책을 세워야 한다. 지방에 새로 생기는 회사나 지방으로 이전하는 회사에 세금을 줄여 주는 혜택을 주는 것이 한 예일 것이다. 또한 지방 대학에 지원을 충분히 해 지방 대학들의 경쟁력 강화에 도움을 주어야 한다. 마지막으로 정부는 지방에 편의시설을 많이 만들어서 지방에 살아도 불편함을 느끼지 못하도록 힘써야 한다.

토의해 봅시다

(1) ① (2) ③ (3) ①

지은이 소개

허연임 이화여자대학교 언어교육원 강사
중앙대학교 영어영문학과 석사

김동숙 전 이화여자대학교 언어교육원 강사
메사추세츠 주립대학교 응용언어학 석사

이을지 전 이화여자대학교 언어교육원 강사
이화여자대학교 한국학과 박사 수료

이채연 전 이화여자대학교 언어교육원 강사
이화여자대학교 한국학과 석사

박수지 전 이화여자대학교 언어교육원 강사
이화여자대학교 교육대학원 외국어로서의 한국어교육전공 석사